自分を受け入れた瞬間、
何かが起こる！

# 「引き寄せスパイラル」の法則

Okudaira Amy
奥平亜美衣

大和出版

## はじめに　すぐ目の前にあなたの望む世界が待っている！

私は今、大好きな「書く」という仕事を中心にしながら、自由に時間を使い、「自分のやりたいこと」に囲まれた充実した日々を送っています。

二年前までは、まさかこんな生活が手に入るなんて想像もしていませんでした。本当に、ほんの僅かでも「やりたいことを仕事にして、自由に生きる」ということが自分にできるなんて思っていなかったのです。そんなことができるのは、一部の恵まれた幸運な人だけなのだと……。

その頃の私というのは、フルタイムで会社員として働きながら、家事と子育ての毎日。経験したことのある方ならおわかりになると思いますが、この両立は、体力面でも精神面でも並大抵のことではありません。

ずいぶん前から、書くことを仕事にしたいという夢は持っていたような気はしますが、その夢や希望という言葉などすっかり忘れ、「このままこの生活が続くのかな……」という疑問を押し殺して、ただただ忙しい毎日を過ごしていたのでした。

もちろん、愛する家族もいて、楽しいこともあるにはあり、幸せも感じてはいましたが、「お金のために働いている仕事から自由になりたい」「本当にやりたいことをやりながら、なおかつ豊かに生きていきたい」という自分の本当の望みに対しては、「無理に決まっている」と真剣に考えることもせず、見て見ぬふりをして生きていたのです。

しかし、あることに出会ってから私の人生は一変しました。それが、これからお話しする「引き寄せスパイラルの法則」です。

「引き寄せ」という言葉は今では大変有名になり、本書を手に取ってくださっている方の中にも「引き寄せ」をすでに実践してみたことがある、という方が多いかもしれません。

一方で、今まで「引き寄せ」を何度か試してみたけれど、少しもいいことが起こらない。少しも生活は豊かにならない。または、たまに望みが叶っても、大事な望みは叶わない。最初は調子がよかったけれど、またもとに戻ってしまった、というような方が多いのではないのでしょうか？

さらには、「引き寄せ」なんて効果がない、信じられない、というふうに感じてしまった方もいるかもしれません。

でも、それは今まで「引き寄せ」に対する誤解があったり、それを実践する方法に間違いがあっただけ。

この本でご紹介する「引き寄せスパイラルの法則」ができるようになると、あなたの、引き寄せのパワーが何倍もの大きいものに変わります。

そして、夢や願いが、苦労することなく、次々と叶うようになり、豊かに幸せに自由な人生をいとも簡単に手に入れられるようになるのです。

でもまだ、信じられない方もいるかもしれませんね。

では、なぜそう言えるのか——。それは私自身が体験したことだからです。

私は、約二年前に「引き寄せ」に出会い、「いい気分でいられる思考の選択」ということを継続して実践したところ、本当に現実が変わっていくのを何度も体験しました。

そして、引き寄せをはじめて一年と少し経った頃に、本を出版するという念願を叶えることができました。

ちょうどその頃から、「自分がこれからこうしたいな」と頭に思い描いたことが、難なく現実化していく兆しを見せるようになったのです。それは、望むことが、私めがけて向こうから歩いてくるような感じでした。引き寄せがどんどん加速し、もう止められない大きな波に乗っているような感覚を覚えたのです。

「それまで」と「それから」は、明らかに世界が違いました。「それまで」は、いわば、エンジンをかけ、ゆっくりと人生が望む方向へと方向転換し、動きはじめた、というような状態でしたが、「それから」はアクセル全開になり、「引き寄せスパイラル」に突入したのです。

「引き寄せスパイラル」に入ると、とにかく、あなたが頭で思い描いた望みが、難なく、次々と叶うようになっていきます。

あなたのやりたいことに喜んで協力してくれる人がどこからともなく現れます。そして、そこにはこれまで考えられなかった、生き生きとした喜び溢れる毎日が待っています。

さらに、それに伴って、あなたが望んでいた物質的な豊かさも手に入るようになってきます。本当に、「人生は思い通り」という世界へ移行するのです。

では、そんな「引き寄せスパイラル」を起こすにはどうすればいいのでしょうか？

「引き寄せスパイラル」に入るために必要なこと、それはたった一つ。

とにかく「自分」、自分に自分の思考を向けるということ。そして自分を肯定し、自分に愛を注ぐことです。こう聞くと、「自分を好きになれたら苦労しない」「自分探しなんてもうたくさん」と思われる方もいるかもしれません。

しかし、あなたの毎日の中で、あなたが「自分」に対して自分の思考を使っている時間はどれほどあるでしょうか？　意外と少ないはずです。そしてこれまで、そのような視点で考えることさえもしていなかったのではないでしょうか。

「現実」というのは「自分の反映」です。

つまり、自分を認めれば認めるほど、現実が自分を肯定してくれるようになり、自分に愛を注げば注ぐほど、現実もどんどんと愛に満ちていくのです。

私が「引き寄せスパイラル」へ入ることができたのも、「いい気分でいられる思考の選択」を続けたことに加え、自分への信頼や愛が増したからでした。

「自分は本当に現実を創造できる存在なんだ」という自信がつき、もっと自分を認められるように、愛することができるようになっていたからだったのです。

前著『「引き寄せ」の教科書』やブログを読んでいただいた方から、「早速現実が変わりはじめました」「やりたい仕事に出会えました」「ブランドものが欲しいというような願望しかなかったのですが、周囲の人の愛や自分の幸せとは何かに気づきました」など、もう数えきれないくらいの多くのメッセージ、喜びの言葉をいただきました。

たくさんの人が、望む人生に向けて歩みはじめていることを、大変嬉しく思っています。

本書では、そこにとどまることなく、引き寄せの波が何倍も大きなものになり、以前では考えもつかなかった人生が、あなたの目の前に出現する方法を、あますことなくご紹介していきます。

すでに「引き寄せ」を知っている方も、知らない方も、本書をお読みいただき、ぜひこの素晴らしい世界を体験してください。


さあ、準備はよろしいでしょうか。

それではさっそく「引き寄せスパイラル」の素晴らしい世界へ、あなたをご案内することにしましょう。

奥平　亜美衣

「引き寄せスパイラル」の法則　*Contents*

# 第二章

## 引き寄せスパイラルの法則②
## 自分の本心に気づく

第三章

引き寄せスパイラルの法則③

# 今までの思い込みを手放す

第四章

## 引き寄せスパイラルの法則④

# 宇宙の真実を知る

第五章

引き寄せスパイラルの法則⑤

## 自分を愛し認める

エピローグ

## この瞬間、「引き寄せスパイラル」は永遠のものになる



あとがき

## だから人生って素晴らしい

本文イラスト　イラストデポ
本文レイアウト　齋藤知恵子

プロローグ

# 幸せの扉の鍵はあなたが持っている

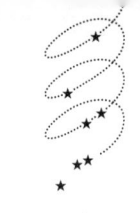

# 本当の「引き寄せ」を知っていますか？

## それは錯覚だった!?

「引き寄せの法則」という言葉が有名になり、「引き寄せ」に興味を持つ人、またそれを実践したことのある人も多くなってきました。

「引き寄せの法則」というのは、「自分の思考と感情や気分に同調するものが自分に引き寄せられてくる」という法則で、この法則を理解し、思考を意識的に選択することで「望みが叶う」と言われています。

ところで、あなたは「引き寄せ」と聞くと、どんなことを思い浮かべますか？

多くの人は、「何か欲しいものを具体的にイメージしてそのものを引き寄せる」「くじに当たる」「ひと儲けする」「新車を手に入れる」といった即物的なことや、「恋人や結婚相手を見つける」というようなことを思い浮かべるかもしれません。

これらはあなたの人生に彩りを加えるものであり、そうしたものを望み、手に入れることも、とても嬉しいことですし、素敵なことですよね。

しかし、これらが実はあなたの「本当の幸せ」とは無関係だったということを、あなたはご存知だったでしょうか。

たとえば、あなたが新車を手に入れたとしましょう。しばらくの間はとてもその新車との生活を楽しんでいます。しかし、時が過ぎればどんどん新しい車が発表されます。そして気がつけば、あなたはその新車に不満を抱くようになっていました。

このようなことはよくあるのではないでしょうか？

## ★ 人生を根底から喜びへと変えてしまう！ ★

また、あなたは理想ともいえる恋人を得て、夢のような日々を過ごしていました。しかししばらくすると、その恋人はあなたの望まない言動を多くとるようになってきます。あなたは何度もその恋人に自分の要求を伝えましたが、恋人は一向に変わってくれる様子がありません。気がつけば、あなたは恋人に対して、不満だらけになっていました。

このようなこともよくあることでしょう。

そのとき、あなたは「幸せ」を手に入れたように錯覚しましたが、それは「本当の幸せ」ではなかったのです。「新車」や「恋人」は「幸せ」ではありませんでした。

であるとすれば、いったいあなたは、どうしたら「幸せ」になれるのでしょうか？

どうすれば「本当の幸せ」を「引き寄せる」ことができるのでしょうか？


多くの人が誤解しているところですが、「引き寄せ」の本質とは、何かをイメージしてそれを手に入れるということではありません。たしかに、人間にはイメージしたものを現実化できる力があります。しかしそれは、「引き寄せ」のほんの入り口の部分にすぎないのです。

これから本書でご紹介する**「引き寄せスパイラル」は、車やお金や恋人を手に入れるということだけにとどまるものではありません（これらももちろんあなたが望めば結果として引き寄せることができますし、それらを手に入れ楽しみが増えるのは素敵なことなのですが……）。あなたが本当にやりたいことを実現し、あなたが本当に望んでいた人生を手に入れる方法です。**

そしてこれらを身につけるということは、本当の意味での「幸せ」、そして決して揺るがない一生ものの「幸せ」と「豊かさ」を手に入れ、あなたの人生を根底から喜びへと変えてしまうということなのです。

# そのスタンスでは幸せになれない

## ★ 出発点が間違っていることが多い ★

もしあなたが「引き寄せ」で「いいこと」だけを引き寄せよう、と思っているなら、それはできない相談です。

なぜなら、出発点が間違っているからです。

これまであなたは、「いいこと」がなければ幸せになることはできないと思っていたかもしれません。

しかし、**「新車」や「恋人」＝「幸せ」ではなかったのと同様に、「いいこと」があなたを幸せにしてくれるのではありません。**

これから、本書を通じて申し上げていきますが、「あなた」があなたを幸せにするのです。「あなた」があらゆるものに幸せを見つけたり、「あなた」が自分で自分のいい面を探して認めるのです。**「引き寄せの法則」というのは、「自分と同調するものが自分に引き寄せられる」、というものですので、まずあなたが幸せの状態にならなくてはいけません。**

私は、「引き寄せの法則を活用すれば、あなたにいいことだけが起きますよ」ということは絶対に言えません。

実際、いいことがたくさん起きてくるようになるのは間違いありませんが、いいことだけが人生に起こるようにしたい――。そういう心持ちでは引き寄せの法則を活用することはできないのです。

その根底には、「いいこと」に幸せにしてもらおう、という気持ちがあるからです。

## ★　答えはどこにあるのか　★

「いいこと」があったから「幸せ」になるのではなく、あなたが「幸せ」になったら「いいこと」が引き寄せられてきます。

**「引き寄せ」とは、毎日の生活、目の前の現実、そして自分の人生と自分自身に対する姿勢であり、ものの見方であり、生き方そのもの。**

そして自分で自分を知り、自分の人生を創るということであり、自分が自分の現実の中に幸せを見つけていく、ということなのです。

その結果として、自分にとって「いいこと」が起きてきます。「引き寄せ」とは決して何かや誰かを手に入れて、それに幸せにしてもらうことではありません。

「『引き寄せ』でいいことだけが起きますよ」と、私は決して言うことはできませんが、『引き寄せ』によって、『喜び溢れた楽しい人生を送ることができますよ』、『充実し、生きているという実感溢れる人生、自分が本当に望んでいた人生を送ることができますよ』」ということは自信をもって言えます。

人生で起きる奇跡のような素晴らしいことというのは、自分に目覚めている人にしか起こりません。

**自分の望みに素直になり、自分で自分の人生を創ると決心し、そして自分で自分の素晴らしさや人生の素晴らしさに気づいた人だけが、また気づこうとしてみた人だけが、自分の望む方向へと人生を変えていくことができるのです。**

だからこそ、誰かや何かに幸せにしてもらうのではなく、自分で幸せになる覚悟をまず持っていきましょう。

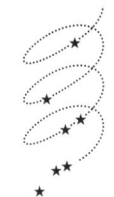

# 無理をしないほど人生はうまく回り出す

## ★ 幸せを感じられる人、感じられない人の違い ★

「引き寄せスパイラルの法則」のお話をする前に、まず、「引き寄せの法則」が働く基本的な仕組みを見ていきたいと思います。大前提として、宇宙からは常に愛と幸せと豊かさの無限のエネルギーが流れてきています。

このことはすぐには信じられないと思いますし、これは少しずつ「引き寄せ」を実践してみて自分で体験することにより、感じられるようになっていくものですので、今ここで全面的に信じる必要はありません。

そういうものなのか、というくらいに思っていただいて大丈夫ですが、「宇宙から愛と幸せと豊かさの無限のエネルギーが流れてきている」ということ。つまり、「あなたが幸せであること、豊かであること」というのは実は自然な状態であるということです。

しかし現実では、毎日の生活の中で、「いつも幸せ」だとか「豊か」だと果たして感じられているでしょうか。そうでない人も多くいることと思います。

それはいったいなぜなのか？

その原因は、「**見えないザル**」にあります。

宇宙からの幸せと豊かさのエネルギーと自分の間には、見えないザルのようなものがあり、その流れの調整弁となっています。

この見えないザルの「ザルの目」は、あなたの気分次第で開いたり閉じたりします。あなたが〝いい気分〟でいればいるほど、あなたの発するエネルギーは、宇宙からのエネルギーと質が近いものとなり、それらが同調し、混じり合おうとします。

これがザルの目が開いている状態で、この状態をできるだけ保っていると、宇宙のエネルギーがあなたに流れ込んできて、幸せや豊かさを受け取ることができるのです。

このように「引き寄せ」とは、その幸せと豊かさのエネルギーができるだけ自分に届くように、自分の状態を整えておくことだ、とも言えます。

## 幸せや豊かさを受け取るザルのしくみ

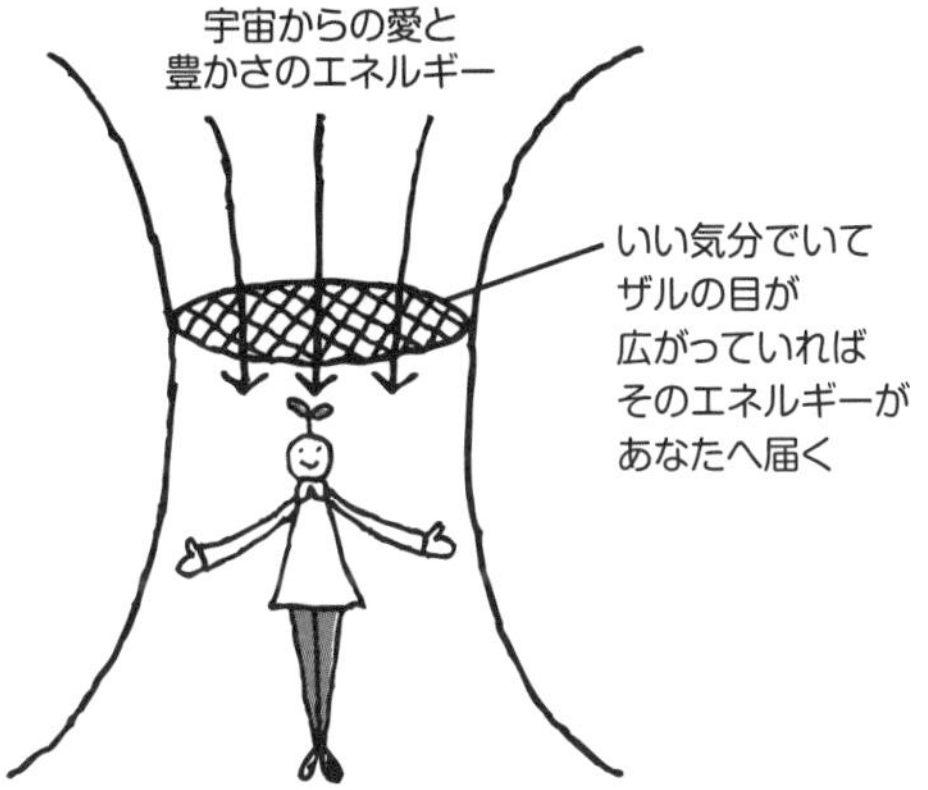
宇宙からの愛と
豊かさのエネルギー
いい気分でいて
ザルの目が
広がっていれば
そのエネルギーが
あなたへ届く

こう聞くと、「引き寄せ」は欲しいものをイメージングしてそれを現実化することだと思っていた人には意外かもしれません。

しかし、**「引き寄せ」の本質とは、自分ができるだけ「いい気分」でいられるようにしておくことであり、このことが、「引き寄せ」において何よりも大切なこと**なのです。

これまで、何かを引き寄せようと挑戦し、できることもあればできないこともあったり、まったくうまくいかなかったという人も多いかもしれません。

実はその原因のほとんどは、日常をできるだけ「いい気分」で過ごすことを怠っていたから。

つまり、いくらイメージングをたくさんやっても、この部分ができていなければ、引き寄せ上手にはなれないのです。

ではあなたが、いい気分でいる為にはどうしたらいいのでしょうか？

たとえば、あなたにとっていいことが起こったとき、いい気分でいることは簡単ですよね。

しかし問題なのは、あなたにとって嫌なことが起こったとき。

そういったとき、あなたはそのまま自動的に嫌な気分になってしまうと思います。

だからこそ、そんなとき、あなたは自動的に嫌な気分になる以外に選択肢があるということにまず気づきましょう。

たとえば、何か仕事でミスをして、上司にひどく怒られたとします。

ここで、あなたは「むかつく上司だな、許せない」という思考や、「なんて自分はだめなのだろう」という思考を選択して、怒り、悔しさ、悲しさ、自己否定感で夜も眠れない、という状態になってしまうかもしれません。

このような状態ですと、あなたの発しているエネルギーは、宇宙からのエネルギーと大きく異なる為、それが混じり合うことは決してなく、したがってあなたは宇宙からの幸せと豊かさを受け取れない状態になってしまっています。

そこで、少し冷静になって考えてみましょう。

たしかに、上司はひどいことを言ったかもしれません。しかし、この出来事を違う視点から見てみると、こんなふうに考えられるのではないでしょうか？。

「あんなふうに言わなくてもいいと思うけど、上司の言うことも一理あるな」

「あんなふうに言わなくてもいいと思うけど、次回ミスしないような参考にはなったな」

「あんなふうに言わなくてもいいと思うけど、上司にこのような怒られかたをしたら部下は嫌な気分になる、ということは少なくともわかったな」

「結局怒られてしまったが、自分はやるだけのことはやったな」

「ミスなんて誰にでもあると思うけど、あんなに怒るなんて、何か上司に嫌なことでもあったのかな」

このような思考のうちで、あなたにとって「無理のないもの」を選ぶのです。
無理に上司のことを好きになろうとしたり、感謝しようとしたり、この嫌な出来事を美化する必要はありません。
そうではなくて、**この嫌な出来事をどう考えたら少しは納得できるのか、それを探すのです。**

**それが、「思考を意識的に選択する」**ということです。

自分が納得できる範囲で、「むかつく上司だな、許せない」「なんて自分はだめなんだろう」という、ネガティブに落ち込んでしまっている状態から少し抜け出しましょう。少しだけでかまいません。

ただ「むかつくな」「最悪な出来事だった」と悶々とした状態より、このように考えていけば、間違いなく幾分は気分が落ち着くはずです。
「いい気分」まではいかなくても、少なくとも嫌な気分に浸りきってはいない状態になっています。

ここで気づいてほしいのですが、このように、あなたの感情や気分は、あなたの思考から生まれています。

## ★　そのままではマイナスポイントが増えてしまう　★

あなたは今まで、自分の感情は外で起こった出来事や、他人の言動に反応しているだけだと思っていたかもしれません。

しかし、**起こった出来事は同じでも、その起こった出来事に対して、自分がどういう思考を選択するか、どういう意味付けをするか、そこで、あなたの感情や気分が決まってくるのです。**

そこで、いい気分をプラス1、嫌な気分をマイナス1、いい気分ではないが、少なくとも嫌な気分ではない状態を0として考えてみましょう。

多くの人は、いいことが起こればいい気分になり、嫌なことが起これば嫌な気分に浸ってしまいます。そうすると、いい気分になったときに、せっかくプラス1ポイント獲得しても、嫌な気分になったときにマイナス1ポイントで、結局もとの状態に戻ってしまいます。

このようなことの繰り返しをしている限り、あなたの人生が上向いてくることはありません。プラスマイナスゼロか、悲観的な人ならマイナスの状態が続いてしまうからです。

しかし、先ほどのように、嫌なことが起こった場合に、マイナス1ポイントの状態になるのではなく、0の状態にしておくだけで、あなたのポイントはいい気分になるたびにだんだん増えていくことになります。

そして、このポイントが増えれば増えるほど、あなたのザルの目は開いていくのです。

**つまりこのポイントを、プラスの状態に保てば保つほど、いいことが起こりやすくなり、現実があなたにとっていい方向へ変わっていきます。**

このように、何か嫌なことが起こったとしても、そこで意識的に思考を選択し、できるだけマイナスポイントを稼がないようにしていると、自動的にプラスポイントが積み上がっていくことになります。

そうすると、徐々にではありますが、本当に現実がよい方向へ変わっていく、という経験を誰もがすることになるでしょう。

最近いいことが多いな、優しくされることが多いな、思ってもみないところから欲しいものが手に入った、やりたい仕事がふってきた、というようなことが頻繁に起こってくるようになります。

**これらは、あなたがザルの目を開き、宇宙のエネルギーを享受しはじめたというサインなのです。**

「引き寄せ」とはこのような小さな変化で終わるものではありません。

あなたが望めば望むだけのものを実現することができますが、まずは小さな変化から起こっていきます。

そして、自分の思考を選択し自分の気分を自分で選んだ結果、現実が変わってくるという経験をしたあなたは、現実は自分自身の反映であることを身をもって知ることになるでしょう。

さらに「自分の人生は自分で創造できる」、という自信を取り戻し、自分の人生の主導権は自分にある、ということを思い出すことになっていくのです。

第一章

引き寄せスパイラルの法則①

# 本当の「引き寄せ」とは何かを知る

# ★今まで語られてこなかった強くて大きな力

## ★望んだことが現実化する「スピード」がどんどん速くなる★

プロローグでは、起こった出来事に対して、できる限りいい気分になれる思考の選択を続けていくと、あなたのザルの目が開いていき、宇宙のエネルギーを受け取ることができるようになる為、小さないい変化が起こってくる、と書きました。

その状況を加速させ、もっともっと望む現実を引き寄せていく為に、必要になってくることがあります。

それは、「**自己肯定力**」を高めるということ。自分を肯定することができるようになればなるほど、あなたの引き寄せ力はさらに高まっていくのです。

**そしてこれを「引き寄せスパイラルの法則」と呼びたいと思います。**

自己肯定とは具体的にどうすることなのか、また、なぜ自己肯定が引き寄せを加速していくのかは、後ほど詳しく申し上げていきますが、私自身も、自分が意識的に思考を選択した結果、現実が変わっていき、ついには「本を出したい」という以前はまったく不可能だと思っていた自分の望みを叶えることとなりました。

それによって自分は本当に自分の人生を創っていけるんだ、ということを実感し、自分をより認められるようになってきたあたりから、望んだことが現実化していくスピードがどんどんと速くなっていったのです。

## ★　素晴らしい毎日だからこそ不可欠なこと　★

これまでも、自分を肯定すること、自分を愛することの大切さは多く語られてきたと思います。しかし、なぜ自分を好きにならなくてはいけないのか、なぜ自分を肯定しなくてはいけないのか、そして自分を大事にするとどんないいことがあるのか、「引き寄せ」においてそこはあまり語られてこなかったのではないでしょうか。

しかし、**「自己肯定」はあなたの引き寄せ力を高め、あなたの夢を実現し、望む人生を幸せに生きていく為に不可欠なことであり、逆に自分を自分で認めることができなければ、あなたがあなただけの素晴らしい人生を歩んでいくことは決してできない**のです。

# ★望みどおりになるたったひとつの仕組み

## ★両方が同じくらい重要★

これまでにすでに「引き寄せ」を実践し、意識していい気分になれる思考の選択をし、自分の思考次第で現実が変わってくる、という経験をした人。

彼らは自分の持っている現実創造の力を実感していきますので、自分の持つ力を信じることができるようになり、それに伴って「自己肯定力」も同時についてきます。

ただ、小さい頃からの思い込みや両親、その他の周囲の他人からの刷り込みによって、なかなか「自分が無条件に素晴らしい存在だ」という全肯定まではできていないという人がほとんどかもしれません。

また逆に、自分のことは大好きだけど、他人に対しては悪いところばかり目について文句ばかり言っている、というような人、つまり自己肯定力はあるけれど、いい気分になれる思考の選択力はない、という人があなたの周りにもいるかもしれません。

そのような人は、いくら自己肯定感が強くても自分の望む現実というのは引き寄せられておらず、あまり幸せそうではないはずです。

望む現実をぐんぐん引き寄せ、人生を喜びに満ちたものにしていく為には、「いい気分になれる思考の選択」と「自己肯定」、その両方が同じくらい重要になってきます。

## ★　相乗効果で力が高まる　★

式にするとこのようになります。

**いい気分になれる思考の選択力×自己肯定力＝望む現実の引き寄せ力**

どちらかが大きく欠けていると、引き寄せ力は高まっていきません。しかし、どちらもできてくると、相乗効果で何倍にも引き寄せの力が大きくなり、現実が望む方向へぐんぐん変わってくるのです。

「いい気分になれる思考の選択」については、先ほどご紹介したことに加え、前著『「引き寄せ』の教科書』にも詳しく書いておりますので、そちらも参考にしていただけますと幸いです。

そのうえで本書では、「自己肯定とはどういうことか」「自分を愛するとどんないいことがあるのか」「なぜ自分を愛してもいいのか」「どうやって自分を愛するのか」ということを徹底的に解説していきます。

さらに、自分を愛することの邪魔になっていた、あなたのこれまでの思い込みや刷り込みを徐々に外していくことで、「自己肯定力」を高めていく方法について、ご紹介していきたいと思います。

「いい気分になれる思考の選択力」と「自己肯定力」を同時に高めていけば、あなたは引き寄せの波を加速させ、願いを叶え、ありのままの自分であなたが望む人生を満足して生きていけるようになることでしょう。

# ★「自分を好きになる」というだけではない

## ★ そこに他人はまったく関係ない ★

前項では「自己肯定」について申し上げましたが、そう言われても、何をどうすればいいのかよくわからない、曖昧模糊《あいまいもこ》とした印象を抱かれる人も多いかもしれません。

そこでここからは、「自分を肯定」するとはどういうことなのかを明確にし、自己肯定が引き寄せを加速していく仕組みを解き明かしていきたいと思います。

「自己肯定」と聞くと、「自分を好きになることだ」と思い浮かべる人が多いかもしれません。

自分を好きになる、自分を愛することが簡単にできればそれに越したことはありません。

しかし、ただ「自分を好きになってください」と言われても、難しいと感じる人は多いでしょう。自分を好きになることは、もちろん素晴らしいことなのですが、無理に自分を好きになろうとしてもよい結果にはなりません。

「自分を好きになるなんて無理だ」。そのように思う人は、まず、**ただ自分に自分の注意を向けること、自分のことを考える時間を増やしていくことからはじめてみてください。**

「自己肯定」というのは「自分を好きになること」だけではなく、次のようなことを含んでいるのです。

**・自分に注意を向け、自分を知り、自分の本当の望みを知ること**
**・自分の喜びは何なのか、何に幸せを感じるのか、何が好きなのか、何がしたいのか、どうすれば心地よいのかを知り、できるだけそれに沿って行動すること。つまり、自分を満たすように心がけること**
**・自分の考えや行動を自分で決め、そして自分で決めたことを信頼すること**
**・ありのままの自分を無条件に価値のある存在だと認め、自分で自分に自信を持つこと**
**・自分で自分の中のいい面に目を向け、どんなときでも自分の味方になること**

今この時点では、自分の決めたことをいつも信頼したり、自分を無条件に認めるということはできていないかもしれませんが、心配は無用です。後の章で、そのための考え方や具体的方法をご紹介していきますので、できるところから、できる範囲で、少しずつ実践してくださいね。

自己肯定とは、自分で自分のことを知ったり、認めたり信頼したりすることなんだな、ということだけをここでは押さえておいてください。

ただ「他人は間違っていて、自分が正しい」と思うことではない、というところは注意してください。また、「他人と比較して、自分が優れている」と思うことでもありません。そして、「他人の評価によって自信を得る」ということでもありません。

自己肯定に他人は一切関係ないのです。自分が自分をどのように思うか、どのように扱うか、それだけなのです。

## ★　自分勝手になってしまう本当の理由　★

自己肯定力は人から与えられるものではなく、自らの内側から起こる気づきであったり、自分が自分に注意を向けた結果、ついてくるもの。そして、そうした自己肯定感が、あなたの引き寄せを加速させ、人生を喜びに満ちたものにしていくのです。

「自分をまず認めて愛してください」、「自分をまず満たしてください」というと、多くの人は、それは自分勝手なのではないか、利己主義なのではないか、エゴイストなのではないかと心配してしまいます。それが心の抵抗になり、なかなか自分のことをまず考えよう、自分を満たそうというように思えないかもしれません。

しかし、想像してみてください。

あなたが幸せで満ち足りた気分のときと、何か不満を感じてイライラしているとき、どちらが他人に優しく接することができますか？　どちらが余裕を持って接することができるでしょうか？

答えは明白ですね。

自分を満たしたり、愛したら、自分勝手や利己主義になる――という考えはまったくの逆であり、自分を愛せなくなったり、自分を大事にしなかった結果、いつもどこかで不足感や不満感を感じてしまうようになってしまう。そして、その不足感を埋めようと他人から何かをしてもらおうとしたり、自分の不満を改善しようと他人へ何かを要求してしまうようになるのです。

いかがですか。あらためて考えてみるとどうでしょう。これまであなたが信じていたことは正反対のことかもしれませんが、実は、自分勝手や利己主義というのは、自分を満たさなかった結果に起こってくることなのです。

自分が満たされていれば、他人から無理にでも何かしてもらおう、他人にああして欲しい、こうして欲しい、という押し付けには決してなりません。

自分を愛し、満たせば満たすほど、常に自分から発信する、自分から与えるという状態になっていきます。

つまり、あなたが自分を満たした結果、そこから生じる言動は、周囲の人にも愛や喜びをもたらすのです。

ですので、**自分を愛すること、自分を満たすことに躊躇する必要はまったくありません**。際限なく、心ゆくまで満たせばよいのです。自分に愛を注ぎすぎて困るということは決してありません。自分への愛がいっぱいになれば、ちゃんと他人へとあふれ出るようになっています。自分と他人の間に境界線なんてないのですから。

私自身、自分の望みに素直になり、自分の夢を叶えた今、自分を満たすことに躊躇していた以前よりも、はるかに多くの人と大きな喜びを共有できていることを感じています。

それは、ブログや本を読んでくださっている読者の皆様の喜びの声を聞くことであったり、一緒に本を創り、広めていくことにかかわってくださった多くの方々であったり、これからもやりたいことを一緒にやってくださっている方々であったりしますが、本当に以前からは考えられないくらいの大きな喜びが生まれ、それを分かち合っているのです。


大切なことなので、もう一度繰り返します。「自分を肯定する」ということは、決して無理して自分を好きになろう、という話ではありません。まずは、自分に注意を向けてあげることからはじまります。


**これまで他人や外に向けていたあなたの思考を、あなたに向ければいいのです。少しずつでかまわないので、今までより、自分のことを考える時間を多くしていけばいい**だけです。それは誰にも邪魔されず、誰にでもできることではないでしょうか。

「自分が今どう思っているのか、どう感じているのか、なぜそう感じるのか、何を望むのか、何がしたいのか」

そういったことに注意を向け、自分を知ろうとしてあげてください。自分が何をどのように感じていてもいいのです。

まずは、自分自身がそのことを知り、認めてあげることが大事です。そしてそのうえで、本当に自分の望むものは何なのか、それをじっくり考えてみることが大事なのです。

それを出発点として、いずれ、

**・あなたは、そもそも素晴らしい存在だったんだということ**

**・何かを成しても成さなくても、存在そのものが価値あるものなんだということ**

**・この宇宙の物語を織りなすひとつの大事な役割として、ここにいるということ**

**・何かを成す必要はないが、自分のしたいことを自由にしてもよい、そして自由に創造できる存在であること**

といったような真実をあなたが思い出す日がくるに違いありません。それを信じられる日がきっときます。

これらが本当の意味で腑に落ちてくると、望む人生を引き寄せていくというその引き寄せの波が、何倍にもなっていき「引き寄せスパイラル」が起こりはじめます。

そして気がつけば、以前からは考えられなかったような、でもどこかで望んでいたような素晴らしい現実があなたの目の前に現れてくるのです。

# なぜこれが引き寄せを加速させるのか？

## ★「自分をどう思っているのか」の反映★

そもそもなぜ自分を認め、愛することが引き寄せを加速させていくのでしょうか？

この項では、その仕組みについてお話ししていきます。

プロローグでは、あなたがいい気分でいればいるほど、あなたの頭の上のザルの目が開いてきて、宇宙の幸せと豊かさのエネルギーを受け取れるようになり、現実がよい方向へ変わっていくことをお伝えしてきました。

このように、現実はあなたの思考、そしてそこからつくられる気分と感情の反映です。

ですので、自分の思考を自分への愛で満たせば満たすほど、今度は現実がその愛を反映して、より愛に満ちたものへと変わっていきます。

ひと言でいうと、現実は、あなたの気分の反映であると同時に、自分が自分をどう思っ

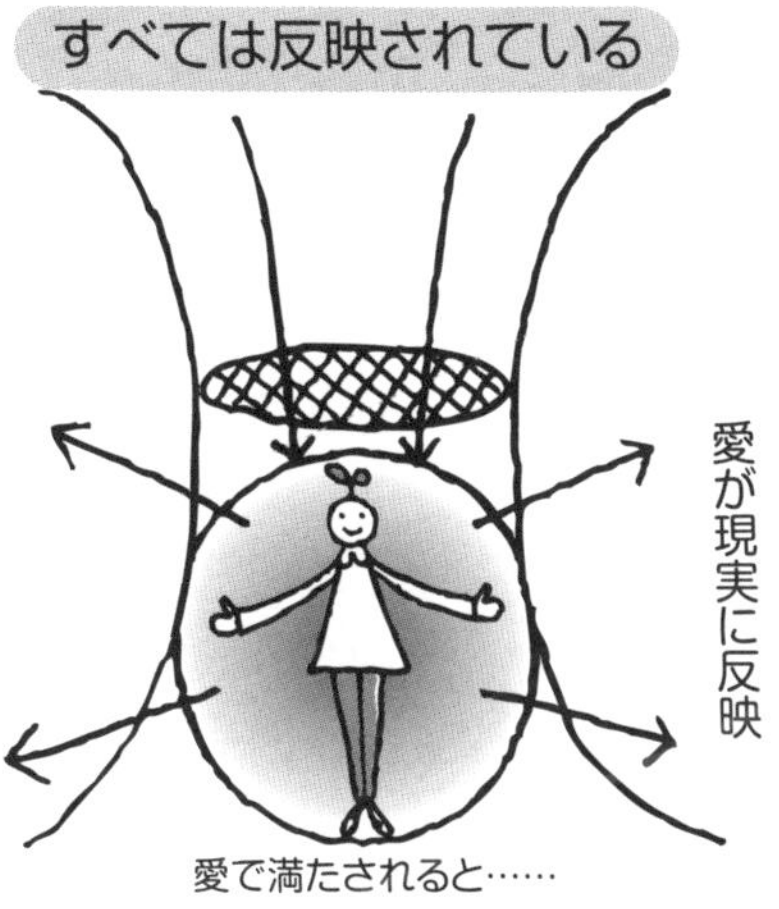
すべては反映されている
愛が現実に反映
愛で満たされると……

ているかの反映です。

つまり、**あなたが自分を愛せば愛すほど、現実は愛に満ち、自分を満たせば満たすほど、現実も満足感溢れるものになり、そして自分を認めれば認めるほど、現実があなたを肯定してくれます。そして自分の本当の望みを知れば知るほど、その望むことが現実となっていくのです。**

「自分を知ること」「自分を認めること」「自分を満たすこと」「自分を愛すること」。これらが、望む現実の引き寄せをどんどん加速させていくわけです。

また、毎日の生活をできるだけいい気分で過ごしていると、それだけザルの目が開きますので、宇宙の愛のエネルギーをたくさん受け取れるようになってきます。

そうすると、それは自分に愛を注ぐことと同じであり、ますます自分を愛しやすく、自分のいいところを見つけやすくなっていきます。また、自分を少しでも好きになることができたら、あなたの気分はいいはずです。

**いい気分でいれば、自分を愛しやすくなりますし、自分を愛そうとすれば、いい気分になりやすく、まさに相乗効果**なのです。

## ★ プラスポイントがどんどん加算されていく ★

この相乗効果の状態になってくると、プラスポイントの加算に勢いがつき、どんどんとザルの目が開いていき、あなたが本当に望むことが、簡単に現実化するようになってきます。

望むことが向こうから服を着て歩いてくるというような状況になるのです。そして周りの人はますます愛に満ちてあなたに接してくれるようになります。

もしあなたが今、自分の人生に満足していないのなら、程度の差はあれ、これまで自分に愛を注いでいなかったから。自分で自分を認めていなかったからです。

そのうえで、このまま満足できずに一生を終えてもかまわないのであるならば、私は無理に自分を肯定したほうがいいよ、とは言いません。どのような人生を選んでもあなたの自由だからです。

でももし、もっと満足したいのなら、もっと望む人生を生きたいのなら、これまでの他人の基準によって自分を判断し、自分を否定していたのをやめて、自分に中心を戻してみてください。

自分を自分で愛することをはじめてみてください。それが、あなただけの素晴らしい人生を創っていくことになるからです。

## 夢実現の波が向こうからやってくる!?

### ★　こう捉えることができるだけで……　★

いい気分をできるだけ選択し、そして自分を肯定できるようになり、「引き寄せスパイラル」の状態に入っていくと、実際にどのようなことが起こってくるのでしょうか？

これは私自身の経験になりますが、一冊目が出て喜びがいっぱい、ワクワクしているさなかに、これからどうしたいか、ということも思い描いていました。

それは、まず二冊目を出したい、ということであり、そして「書くこと」を仕事にしたいということでした。そしてその兆しは、すぐに訪れたのです。

一冊目が出た次の週には、二冊目のお誘いをいただき（それがこの本として現実化しました）、その次の月にはさらに数社、その次の月にさらにまた数社と、すぐに私の予定は一年半以上先まで、「本を書くこと」でいっぱいになりました。

今後も本を出したい、書くことを仕事にしたい、という望みの他に、やりたいことが三つほどありました。まずひとつ目は、瞑想のための音楽とメッセージ集を出したいということ、二つ目は、引き寄せを自分の言葉で伝えるワークショップをやりたいということ、そして三つ目は引き寄せ手帳を作りたい、ということでした。

すべて、何か具体的に実現できそうな手段がそのときすでにあったわけではなく、ただやってみたいな、面白そうだなと頭で考えていただけです。

ほどなく、一冊目でお世話になった編集者さんが会社を移られ、そこでしばらく電子書籍を担当なさるということを聞きました。

最初にそれを聞いた私は、やはり紙の本が好きだったこともあって、少し残念な気持ちがしましたが、その翌日、「瞑想用の音楽を出すのであれば、電子書籍でもいい、というよりはむしろ、CDをデバイスへ取り込む手間を考えれば、CDブックより、電子書籍のほうがいいのでは？」と閃いたのです。

そして、どんなことが起こっても、それを自分が前向きに捉えることができさえすれば、それはちゃんと自分の望む現実につながっているのだ、と再確認することができました。

## ★　やりたいことがどんどん叶っていく！　★

また、ワークショップに関しては、前作が出たときに開いた出版記念パーティに参加してくださった女性から、ワークショップをやりませんか、とのお誘いをいただきました。彼女はこれまでも仕事で数々のセミナーを開催し、自分ですべての段取りから司会までこなせる、その道のプロだったのです。このように自分が望めば、そうした人に、宇宙はきちんと出会わせてくれます。

手帳については、忙しい日々の中で、頭では思い描くものの、まったく自分で動く時間がなかったのですが、ある日突然、昔からの友人から、「手帳を作らない？」とメッセージが入りました。

私からは、その友人に、自分が手帳を作りたい、などという思いは一切話していなかったにもかかわらず。私は、その友人はアパレルのデザイナーだと思っていたのですが、よくよく話を聞いてみると、以前文房具のデザインにも携わっていたとのこと。デザインから製作、そしてネットでの販売までも経験があり、すべて自分の会社でできる人だという事実をそこで初めて知りました。

もう、ここまで来ると私にとっては引き寄せのパワーを信じるも信じないもありません。少し前まで普通の会社員で、自分の本が出るなどと夢にも思ってもいませんでした。それが、今は自分がやりたいという意思を放ち、思い描けば次々と叶っていく。現実化するのです。とにかく、すべてが自分の望む方向へと、理想の形へと、勝手に展開していきました。

あなたが、いい気分をできるだけ保ち、そして自分を認め、愛を注いでいれば、ただ、やりたいなと思うことを頭に思い描いてワクワクしていたら、その現実化の兆しが向こうからやってくるようになります。

そして、あなたはそれを掴みにいくだけで、話はとんとん拍子に進んでいきます。まさに、望みが次々と叶っていく、そんな状況になっていくのです。

# すべてはここにつながっている

## 回り道が喜びになる意味

また、これまでの自分の過去の経験のすべてから糸が伸びていて、今につながり、今とこれからを紡いでいっているように感じました。

すべての経験が必要であり必然であったんだな、と心から納得することができたのです。

これまで、回り道したなというような経験もたくさんあります。若いときから、興味のあることは実際にやってみないと気がすまない性格だったこともあり、大学を卒業してからも、デザイン、語学、翻訳など、いろいろなことに手を出してきました。

今、それらが直接自分の仕事になっているわけではないのですが、今考えると、その経験のどこかが、ちゃんと今の自分の役に立っていて、今の喜びにつながっています。これまでのすべてが、自分が今、本当に望む現実の創造につながっていたのです。それは、完璧な宇宙の采配を垣間見るような瞬間でした。

## ★　今、この瞬間から望む人生へ　★

誰でもそうだと思いますが、私も過去、いいことも悪いこともそれなりにありました。しかし、たとえあまり良い思い出のない過去があっても、今、本当に望む現実を生きることができれば、それはとるに足らないこととなるのです。

そして、どんな経験であっても、今のこの素晴らしい現実につながる、貴重で大切な経験だったのだと、心の底から自覚することができました。そのように思うことができると、もうこれまでのすべてに、本当に心からの感謝が沸きあがってくるのです。

誰でも自分の人生を明るく楽しく喜んで、望むものは手に入れて生きたいと思うでしょう。

あなたはそうしてもいい存在ですし、あなたさえそうすると決め、その方法を知って実践したならば、そうできる存在です。あなたが、真剣に自分の望む人生を生きよう、そう決心し、自分自身を信じ、いい気分を選択すれば、本当にあなたの望む現実が展開していくのです。

どんな人でも、精神的にも物質的にも、自分に必要なものを必要なだけ手に入れ、幸せで満たされた人生を実現できる力を生まれつき持っています。

このことに例外はありません。そして、これまでどのように生きてきたかにかかわらず、今この瞬間から望む人生へ向かって歩んでいくことができます。自分次第で、仕事も収入も人間関係もすべての面で望む現実を創ることができるのです。

第二章

# 自分の本心に気づく

引き寄せスパイラルの法則②

# ★「そんなことはもうわかっている」というあなたへ

## ★ 不満を見て見ぬふりしてあきらめていませんか？ ★

前章でも申し上げましたが、自己肯定のはじまりは、まず自分を知ること。そこがスタートラインです。

自分がどういうことに幸せを感じるのか、何をすれば楽しいのか、何は嫌なのか、どんなことに満足を感じ、どんなことに不満を持つのか、悲しみを感じるのか、何が好きで、何が好きではないのか、そしてそれはなぜなのか、そういったことを自分自身で知ることです。「そんなことはもう知っている」と思われるかもしれません。

しかし、現状に対する自分の不満に蓋をして、それを見ないようにして、そしてそれが現実だから、とあきらめてしまっていることは意外に多いのです。

また、自分の望みに対しても、たとえば幼少の頃から、親や周囲の人から「できるわけない」と否定的に扱われることが多かったり、これまで叶わなかった望みが多すぎたり、忙しい毎日やいつまでも変わらない現実を前にして、「望んでも叶わないから無駄だ」とか「虚しいだけだ」というふうに考えてしまう。そして本当の望みに気づかないふりをして日々をやり過ごしている人はたくさんいることでしょう。

また、政府や社会といった大きなものに失望を感じて、自分を小さくて何の力もない存在だ、とあきらめてしまっている人もいるかもしれません。

私自身も以前は、本当にやりたいことを仕事にして、会社に縛られずに自由に生きていきたい、という自分の本当の望みには、できるわけないと蓋をして、人生はこんなもんだ、というある種のあきらめと惰性の繰り返しの中で、毎日を生きていました。

あまりに長い間そういったことを続けていると、そのうち、本当の自分の気持ちというのが自分でわからなくなってきてしまうこともあります。

実際、ワークショップやブログ等を通してみても、自分の好きなことや実現したいことを考えることをやめてしまったり、世間体のいいことや家族の意向を「やりたいこと」だとして選んでいたり。自分で自分の限界をつくって、本当の自分を押さえ込んでしまっているという人は本当に多いのです。

## ★　そこに判断は入れていかない　★

自分の望む現実を引き寄せたくても、そこへ蓋をしている状態では、絶対に引き寄せることはできません。そこで、現状では自分が何が好きで何が好きでないのか、何を望んで何を望まないのか、何に満足していて何が不満なのか、ぜひ本心をのぞいてみてください。他人から見てどう思われる、世間の常識から見てどうだ、などは一切関係がありません。

たとえば、「働かざる者食うべからず」というような社会的通念がありますが、もし自分が「好きでもないことをして働きたくない」とか「働くことに意味を見いだせない」、と思っているのなら、それでいいのです。また「主婦なのに、家事が好きでない」など、もしそう思うなら、そんな自分を否定してしまうのではなく、まず、「自分はそう思っているんだな」と確認するだけでいいのです。その思いを修正する必要はありません。

とにかく、「自分の本心がどうなのか」、それをまず知り、認めることが大事です。**判断を入れずに、ただ自分の本当の気持ちを知ってください**。自分を知る、自分に気づく、それが本当に望む人生を手に入れる為の最初の一歩なのです。

# ★分類するだけで自然と見えてくるもの

## ★「嫌い」の反対には好きがある★

自分のことを知ることを心がけ、自分が何が好きで何が好きでないのか、何を望んで何を望まないのか、そうしたことを自分で認めることができるようになってくるとしましょう。次は、そうした自分の中の「好き」「嫌い」「望むこと」「望まないこと」「満足」「不満」といった事柄のうちで、自分の「**好きなこと**」「**望むこと**」「**満足**」について重点的に考えることが大事になってきます。

現状で自分の望まないことや不満がたくさんあったとしても、それはそれでかまいません。

でも、これだけはいつも覚えておいてください。あなたの嫌いなことや望まないものの反対側には、いつもあなたの望むものがあるのです。ただ普段は、「これが嫌だな……」

「あれは嫌だな……」というところで思考が止まってしまっていることが多いもの。そこで止まったままではその望まない現実は変わりませんので、そこから意識的に「では何を望むのか」ということを考えるようにしてみてください。

先ほど申し上げたように、もし「働くことに意味が見いだせない」ともし思ったのなら、ではどんなことだったら意味を見いだせるのか、「主婦だけど家事が好きでない」と思ったのなら、では何が好きなのか、そこを考えてみるのです。そこから、あなたの夢や望みが見えてくるのです。

ここから、あなたの夢や望みについて詳しく考えていきたいと思います。

夢や望みというと、「○○が欲しい」「○○を所有したい」という「もの」が出てくる人もいるかもしれません。しかし、まず、「もの」ではなくて「あなたのやりたいこと」「あなたの実現したいこと」は何なのかを考えてください。

「もの」を求めることがいけないというわけでは決してありません。あなたの欲しい「もの」、それも制限する必要はまったくなく、欲しいものは欲しいと素直に認めたらよいのですが、「もの」そのものはあなたの幸せにはなり得ません。

幸せは必ず「あなた」の中にあるので、まず「あなたのやりたいこと」について考えていくのです。

「もの」については、一時的な楽しみ、嬉しさは得られるかもしれませんし、それはそれで素敵なことなのですが、それを得てもそれであなたが「幸せ」になる、ということではありません。しかし、**あなたが「やりたいこと」を実現していけば、あなたは必ず「幸せ」になります。そして、あなたは「幸せ」になれば、さらなる「幸せ」を引き寄せていける**のです。

「自分のやりたいこと」を考えたときに、「これが夢なんです」「こういうことがしたいんです」とはっきり言える人はいいのですが、なかなか子供の頃のように自分の夢に素直なれない事情がみなさんそれぞれあるかもしれません。

「やりたいことがわからない」「こうしたいけど家族がいて……」「これが夢だけど私にできるのかしら……」などといった思いを抱えている人は多いでしょう。

私の開催するワークショップでも、こういった悩みをよく聞きます。「夢」というと大きく聞こえる場合は、小さなことでもいいので**自分は何をしたいのか、何をしたら喜ぶの**

**か、何をしているときが楽しいのか、どんな生活が理想なのか、**それを考えてみてください。

何度考えてもどうしても思いつかないという場合は、まず、今日の夕飯に何を食べたいか、というところからはじめてみましょう。

そして、家にある食材の都合や、外食の場合は予算などの制限を外してみて、時間的にも経済的にも完全な自由があるとすれば、何が食べたいのか、というように考えてみるのです。それが本当にその日に実現できる必要はまったくないので、ただ、「自分の声を聞く」という練習をしてみてください。

## ★ どうすればワクワクする？ ★

またたとえば、夢はあるけれど、その夢の実現に自信が持てない、ということもあるでしょう。

しかし今この時点で、できる・できないはまったく関係ありません。そこまで考える必要はないのです。できる・できないではなくて、したい・したくない、で考えてください。

今できなくてもいいのです。今やろうとするから、できる・できないのほうに思考がいってしまいます。できそうになくてもまったくかまわないので、子供のように無邪気に夢を描いてください。すぐに行動に移さずとも、頭の中だけで思い描くだけでかまいません。

また、あなたの夢が、とある職業であるならば、その職業が安定しているから、だとか、高収入だから、という理由ではなく、ただ単純に、純粋にやってみたいのか、その職業がワクワクするかどうか、という観点で考えてみてください。

それで本当に食べていけるのか、収入はどのくらいになるのか、そのようなことはできるだけ考えないようにするのです。

大人になった私たちにとって、それらをまったく考えないことは難しいかもしれませんが、今の仕事を辞めてすぐにその夢を行動に移しましょう、と言っているわけではありません。

まず、あなたの頭の中だけでいいのです。妄想でいいのです。それでかまいませんので、現実的に**できる・できないの枠を外して、何を自分は表現したいのか、何をすることに情熱を感じるのか**、それをじっくり考えてみてください。

自分の夢や望みに遠慮する必要もまったくありません。**ただ素直になって、頭の中だけでいいのでその夢や望みを自分で認めてください。言いたくなければ誰にも言う必要もありません。ただ、自分で認識するだけでいいのです。**

私も、最初に本を出したいな、という望みを持ったとき、本当に本を出せるあてなどありませんでした。必ず出せるという自信もあったわけではありませんし、本当に自分が書きあげることができるのかどうかさえも半信半疑でした。

ですので、ごく親しい友人にしか、その思いを話すこともありませんでした。しかしそこで、できそうにない、という理由でその夢のことを考えるのをやめていたら、決して出版の夢は実現しなかったでしょう。

今できる・できないは本当にまったく関係ありません。**あなたがワクワクすること、喜びを感じることを、今はできなくてもかまわないので、考えて、意識することが大事**です。

そのように考えていたら、いずれ、少しずつでも現実が動いて、何らかのチャンスが必ずやってきます。そのチャンスを目の前にしたとき、自分が無理なくできることから行動に移せばよいのです。

## ★　まったく同じことをやりたい人はいない　★

たとえば結婚していて子供がいる女性の場合、自分の望みといっても、子供の成長が私の幸せです、としか思い浮かばないというようなこともあるかもしれません。

母親でしたら誰しも、子供のことを考える時間が膨大になり、自分へ向ける時間が少なくなってしまうのは当然のことであるので、それは仕方のないことです。しかしここでは、子供のことはいったん忘れて、自分に注意を向けて考えてみてください。もし、あなたが一人で、24時間誰にも干渉されず、お金もたっぷりある環境だったら何をしますか？

ある人は、海外に移住して、新しい経験をしたいと思うかもしれません。それは通常、家族や子供がいれば、すぐには実現できない場合が多いですね。

しかし、先ほどの繰り返しになりますが、それがすぐに実現するかどうか、それはこの時点で考える必要はありません。「できるかどうか」「許されるかどうか」ではなくて、どうすればあなたの心はワクワクするのか、それだけを考えてみてください。

母として、妻として、というような役割は一切捨てて、「自分として」どうなのか、そこを考えるのです。

そして、それは**今すぐに実現できなくてまったくかまわないのですが、もしそれを自分が望みとして認識していなかったら叶うことがないので、望みであると認識する必要があります**。

私も、海外、特に東南アジアが好きなので、「海外を飛び回りたいな」という願いを去年持ちました。私にも子供がおり、願いを放ったときは、それはとても実現しそうにない状況でした。

しかし、なんとその半年後から、会社の出張で毎月のように海外、しかも大好きな東南アジアの国々に行く、という機会がふってきたのです。

長年同じ会社で働いていましたが、そのような機会はそれまで一度もなかったにもかかわらず。

仕事ですので、誰にも遠慮する必要はありません。そして、仕事ではありましたが、毎回とても楽しい出張でした。当時娘はまだ未就学児で保育が必要でしたが、それも多くの方の協力を得ながら、乗り切ることができました。

もし、子供がいるから海外を飛び回るなんて無理だ、と最初から決めつけて、この願いを自分が認めていなければ、この望みが叶うことは決してなかったでしょう。

また、自分のやりたいことなんてもう誰かがやっている、と、自分の夢に消極的になってしまっている人もいるかもしれません。しかし、誰一人としてあなたとまったく同じことをやりたい、と思っている人はいませんので、そのようなことは一切気にする必要がないのです。

もし私が、「引き寄せ」なんてもう語りつくされているし、本もたくさん出ているわ、と最初から夢をあきらめていたらどうなっていたでしょうか？　何も起こらなかったでしょう。たとえ、同じようなテーマであっても、あなたの表現、あなた自身ができることというのは、世界で唯一なのです。

たとえるなら、画家が絵を描くような感じです。絵を描きたい、という望みを前に、描く前からそれが他人と同じかどうかなんて誰も気にしないでしょう。**同じものが仕上がるはずはない**のですから。

# ★あなたの「本当の望み」とは？

## ★どんな選択をしてもその状況の中に幸せはある★

あなたの夢や望みが少しでも見えてきましたでしょうか？

これまでは、こうしたらたくさん稼げそうだからこれが夢だ、これなら現実的にできそうだからこれが自分のやりたいことだ、というように思っていた人もいるかもしれません。

しかし、**あなたの本当の夢や望み、あなたがやりたいこと、というのは、誰にも認められなくても、褒められなくても、報酬も得ても得られなくても、現実的にできそうでもできそうになくても、それでもこれをやったら自分は楽しい、自分の心が喜ぶ、ワクワクする、そう思えること**です。

あなたの本当の望みは、あなたが無理だと制限しない限り、必ず叶っていきます。そして、それが叶ったならば、あなたは心からの充実と喜び、そして豊かさをこの人生で手にすることになるでしょう。

本当の望みでなければ叶わないということではありません。

たとえば、公務員という職業にすごくワクワクしたわけではなかったけれど、安定しているという理由で公務員を選んで実際にそうなった人はたくさんいるでしょう。

しかし、本当の望みでないものは、叶ったとしてもそこから大きな喜びや生きている充実感を得ることはできないのです。

とはいえ、もちろん、それが悪いというわけではなく、どんな選択をしても、それはそのときの最善ですし、その状況の中に幸せを見つけることが大切です。

そしてこれから、どのようにも人生を創っていくことができますので、これまでの選択を後悔する必要はまったくありません。

## ★ 誰に認められなくてもOK ★

また先ほど、まず、「欲しいもの」ではなくて、「あなたのやりたいこと」を考えてください、と言いましたが、「あなたのやりたいこと」を考えたら、そのあとに、「欲しいもの」も自由に思い描いてみてください。こちらも、自分が本当に欲しいものを遠慮なく思い描いてみましょう。

あなたの本当に欲しいものとは、**それを使ったら自分がワクワクするもの、気分がいいもの**であり、決して流行だから、高価なものだから、あの人が持っているから、持っていれば羨ましがられるから、というものではありません。

そして、今現在手に入れられそうか、そうでないかも考える必要はありませんし、どうやって手に入れるかも考える必要はありません。

そのものを使っている自分がどんな気分になるかを想像し、これも、誰に認められても認められなくても、褒められても褒められなくても、「自分はこれが好きだ」というものを確認してみてください。

# たったこれだけで道筋がはっきりしてくる

## ★　あとで見直すとびっくりすることも起きる　★

ここまで考えたら、あなたの夢や望みを〈やりたいこと〉と、〈手に入れたいもの〉に分けて書き出してみてください。いくつでもかまいませんし、それぞれひとつでもかまいません。

よく、望みは書けば叶う、ということも言われますが、「書く」という行為が望みを叶えるのではありません。

ただ、望みはまず望みとして自分が認識しなければ叶うことはないので、その認識する、という作業を書くことが手伝ってくれるのです。

認識していなければ書けないですし、書くことにより、より整理され、本当に欲しいものが見えてくることもあります。

また、書いておくとあとで見直したときに、「気づいたらその望みが本当に叶っている！」とびっくりするような経験ができることがありますので、その意味でも書いておく、というのはおすすめです。

**書いたあとは、日々できるだけいい気分になれる思考を選択して、いい気分で過ごす、つまり、ザルの目を開くことを意識しながら過ごす、あなたがすることは基本的にそれだけです。**

## ★ 自分自身が磁石になる ★

あなたが、自分の望みを素直に放ったら、それが〈やりたいこと〉にしろ、〈手に入れたいもの〉にしろ、宇宙にはそれはもう届いており、それが現実化する用意をしてくれています。あとは、ザルの目を開けて、それが落ちてくるのを待つだけなのです。

そのようにしていたら、あなたの〈やりたいこと〉をやるチャンスがあなたの目の前に現れてくるでしょう。

そうなったら、自分の直感とワクワクに従ってそれを行動に移すのです。そうしていくと、少しずつかもしれませんが、確実に夢の実現へ近づいていきます。

〈手に入れたいもの〉については、〈やりたいこと〉が実現していく過程で、自然とついてくるようになっていますので、手に入れようといつも意識する必要はありません。

手に入れたい、と強く欲することは、現状の不足感を強化してしまうことにもつながりますので、**望みを放ったあとは、ただ、いい気分でいることを心がけ、目の前のことで、できることからやっていくということに重点を置きましょう。それが、〈やりたいこと〉も、〈手に入れたいもの〉も両方手に入れる最短の方法**なのです。

いい気分でいて、やりたいことに前向きになっている状態のあなたには、磁石のようにものも人も引きつける力があります。

ですので、**何かを引き寄せよう、引き寄せよう、とするのではなく、まず、あなたが磁石のような状態になることが大事**になってくるわけです。そうすれば、欲しいものは勝手に引き寄せられてくるのですから。

このようにして、あなたは、やりたいことを実現することもできるし、欲しいものを手に入れることができるのです。

# ★完璧でなくても大丈夫！

## ★ 彼らは問いに対する答えを持っている ★

あまり出会ったことがないかもしれませんが、世の中には、自分の望み通りの現実を、楽しく自由に、そして物質的、金銭的にも何不自由なく生きている人が確実に存在します。

そのような人生を手に入れた人というのは、間違いなく、

**「自分の本当の望み、本当にしたいことは何なのか？」**

**「自分はどうなれば幸せなのか？　喜ぶのか？　楽しいのか？」**

**「自分は何が欲しいのか？」**

という問いに対する答えを持っている人たちです。

そのうえで、

**「自分を満たそうと」**

**「自分を認めようと」**
**「自分を信頼しようと」**
**「自分を愛そうと」**

心がけて日常生活を送っているのです。とはいえ、これらのことがいつも完璧にできている必要はまったくありません。

## ★　迷いがあるからこそ前に進める　★

私も含め、誰にでも迷いはあります。しかし、そのように**自分で自分の人生に責任を持ち、自分の行く道を自分の意思で選んでいくということが、望み通りの人生を生きていく為には不可欠**なことなのです。

誰かを納得させる為だったり、自分が正しいと証明する為だったり、立派な人に見られようとしたり、不可能そうだからとあきらめたりして、自分を殺すのはやめましょう。本当の自分以外の演技をするのをやめましょう。

そして、何かを他人のせいにするのはやめましょう。

そうしている限りは、あなたは、絶対にあなたの望み通りの喜びに溢れた人生に到達することはないのです。逆に、自分を殺すことをやめ、自分に正直になれば、あなたはすでに望む人生への一歩を踏み出したことになるのです。

ここまでは、あなたは「引き寄せスパイラルの法則」の基本を知り、自分に意識を向けて自分の望みを明確にしました。

次章から、あなたの望みを実現させ、喜びに溢れた未来を手に入れる為に、さらに「自分を肯定」していく為の考え方や方法を具体的にご紹介していきましょう。

# 第三章

## 引き寄せスパイラルの法則③

# 今までの思い込みを手放す

## 「自分を満たす」に秘められた大きな誤解

### ★ 少しずつ外していくだけでもいい ★

「自己肯定」ができるようになるには、自分を満たしていくことや、自分に自信を持つことなどが必要になってきます。

そうしたときに、前章までも申し上げてきましたが、「自分を満たしていいのだろうか?」「自分のことばかり考えていいのだろうか? 他人のことは考えなくていいのだろうか?」「自分に自信を持つと傲慢になってしまわないのだろうか?」

というような疑問が湧き上がってくると思います。

ここまでお読みになったあなたなら、そういった疑問は必要ないということはもうおわかりですよね。

とはいうものの、頭ではわかっているけれど実際に疑問を抱かないようになるのは、なかなか難しいのも事実です。

そこで第三章では、あなたが自分を肯定するのに、そして引き寄せを加速していくのに邪魔になっているであろう、「思い込み」を外す為の必要な考え方をご紹介していきたいと思います。

こういった思い込みは、ときにはとても強力で、すぐには手放すことができないかもしれません。しかし、自分が納得できるものから少しずつでもかまいませんので、「自分を肯定すること」に対する抵抗を取り除いていき、新しい考えを取り入れてみてください。

そうすることで、「引き寄せスパイラルの法則」の力もさらに高まっていくことでしょう。

## ★　自然と思えるようになってくる　★

「自分を満たす」というと、ただ自分に甘くする、たとえば仕事に行かなければならないのに、行きたくないので休む、というようなシチュエーションを思い浮かべるかもしれません。

また、なんでもかんでも手あたり次第欲しいものを手に入れようとする、ということを

「自分を満たす」ことだと思っているかもしれません。そのような状況を思い浮かべてしまうと、**「自分を満たすことはよくないことだ」と思う人は多いでしょう。**

しかし、これらは「自分を満たす」、ということとは違うのです。

**「自分を満たす」、というのは、自分のやりたいことや自分の心が喜ぶことを自分で知って、そしてできることからそれを実際に行動に移していくことです。**

あなたは、アイスが食べたいな、と思ってアイスを食べたら満足するでしょう。身体を動かしたいな、と思って泳ぎに行ったりジョギングしたりすれば満足するでしょう。歌いたい、と思って実際に歌えば、満足しますよね。そういったことが、「自分を満たす」ということなのです。そしてその延長線上に、自分の夢を叶えるということがあります。

先ほどの「仕事に行きたくないから休んだ」というような例は、ただやりたくないことを避けようとしただけです。

やりたいことをやろうとしたわけではありません。仕事が嫌だ、嫌だ、と思いながら休んでも、あなたはいい気分ではないはずです。満たされた気分ではないはずです。このようなことは、「自分を満たす」ことではないのです。

また、自分のやりたいことや自分の心が喜ぶことを自分で意識するように心がけると、本当に自分が欲しいものを欲しいぶんだけ求めるようになってくるので、なんでもかんでも欲しがる、ということはなくなっていきます。

「自分を満たす」という言葉への誤解を解いていけば、「自分を満たしてもいいんだ」と素直に思えるようになっていくでしょう。

# 「他人の為に生きなさい」という教え

## 他人の幸せは自分の幸せ?

自分を愛することが大事なのはわかるけれど、同時に「他人の為に生きなさい」というような言葉も聞いたことがあるでしょう。

そして、あなたはそこで混乱してしまったかもしれません。

実際、これまで生きてきた中で、「他人の為になるようなことをしなさい」と言われたり、「お友達に優しくしましょう」と言われたことはあっても、「自分に優しくしましょう」「自分を大切にするように」と言われた経験はあまりない人が多いと思います。

そして、自分について深く考えることなく、周囲の為や、周囲の反応について考えて生きている時間のほうが長かったかもしれません。

人間は誰でも例外なく、自分で自分の思考をコントロールし、自分の現実を創造できる能力を持っています。しかし他人の現実については、あなたは、決してコントロールすることができません。

他人の思考にあなたが入り込むことはできないし、他人のザルの目をあなたが開いてあげることはできないからです。

**他人の為になるかどうか、他人が喜ぶかどうか、他人が幸せになるかどうか、それをあなたがコントロールすることはできない**のです。

つまり、**あなたの責任で他人の為になることをする、あなたの責任で他人を幸せにするということは、不可能**です。

ですので、「(自分は差し置いて)他人の為に生きなさい」と言われたとしても、それはたとえば「今からあの人になりなさい」と言われているようなもので、決してできないことなのです。

他人の幸せが、自分の幸せです、と考える人もいるかもしれません。しかし、他人に幸せになってもらうことで自分も幸せになろう、というのは、その他人から与えてもらおうと、何かを奪おうとしているのと実は同じです。

そしてそれは、自分の幸せを他人に委ねている、無責任な状態なのです。

**「人の為になりたがる人」と「人に何かしてもらおうとする人」というのは、実は同じコインの裏表であり、どちらも依存です。人の為、と書いて「偽（いつわり）」という漢字になるのは、もちろん偶然ではありません。**

「為」という漢字は、「象」と「爪（手）」とからできており、人間が象を手なづける様子を表しています。「偽」という漢字は、そこに人偏がつき、人間が作為的に手を加え、本来の性質や姿をゆがめるという意味になるそうです。

人の為になろうとすることは、そもそも他人に幸せになってもらいたい、他人に与えたいと考えているのに、実のところは他人を自分の意のままにしたり、他人から奪おうとしているという矛盾した状態になってしまっているということなのです。

## ★ それぞれの価値を同等に見ていない ★

また、自分はいいから他人の為に、という考えと行動の背景には、自分と他人が違うもの、別のものであるという意識があり、自分と他人の価値を同等に見ていないということがあるのです。

しかし、次章で「宇宙の真実」として申し上げていきますが、本当のところは、すべてはひとつ、すべてはつながっています。あなたと他人は切り離されてはいないし、同じように価値があるのです。

**自分と他人はつながっていて、なおかつ、コントロールできるのは自分だけ**。そうであれば、やるべきことは、まず自分を満たし、幸せにすることなのです。

自分にないものは与えることができません。自分を幸せや豊かさで満たせば、それが他人へも流れていくのです（それを受け取るかどうかはその人次第ではありますが）。

さらに、他人は幸せになるべきで、自分はそうでない、そんなわけはありません。

宇宙は決してそんなケチではないのです。きちんと、どちらも幸せになる道があるのです。そのためには、まずは自分から満たすという順番が大事です。まずは自分から満たすというのが、自分も他人も幸せになる唯一の方法なのです。

**あなたは、他人を幸せにしようとして、他人を幸せにすることはできません。しかし、自分が幸せになった結果として、他の人へも幸せを伝播させることはできます**。他人に幸せになってもらいたいのであれば、まず、自分を幸せで満たすしか方法がないのです。

すべてはひとつであり（すべてはつながっており）、自分だけが自分の現実を創っている、ということが本当にわかってくると、他人のことをまず考えようということは少なくなってきます。

自分の人生は自分次第だと責任を持つようになり、他人の人生はその人のものであることを尊重し、そして、他人は自分と違うという分離の意識から、「他人＝自分」だという統合の意識のほうが強くなってくるのです。


そこでどうしても、自分のことをまず考えて、自分を満たそうとしたらそれは自分勝手なのではないか、ただの我儘なのではないかという思いがでてきてしまうかもしれません。しかし、第一章でも申し上げてきたように、自分が幸せで満ち足りた気分のときのほうが、何か不満を感じてイライラしているときより、当然ですが他人に優しくできますよね。自分を大事にせず、毎日の生活に不満を感じながら過ごしている状態からは、他人の為になる、つまり物質的にも精神的にも他人に何かを与える、なんていうことは絶対にできません。あなたが、心の底から自分は幸せだ、そして自分は満たされている、という状態になったとき、そのとき初めてあなたは他人にも与えられるようになっているのです。

もしあなたが今、まず他人の為に生きなければならない、という思いを抱いているとしたら、その思いを握りしめている必要はありません。

他人も幸せであって欲しいという気持ちは素晴らしいものです。私も、もちろんその気持ちを持っています。と同時に、他人の人生はその人のものだと尊重し、そして誰しもその人次第で望む人生を幸せに送ることができる、ということを信頼しています。あなたができるのは、自分の人生を創ることであって、他人の人生は決して創れません。自分の幸せは自分で見つけられますが、他人の幸せを見つけてあげることなんてできないのですから。あなたは、自分の為に生きてよいのです。自分の為に生きてこそ、結果的に他人の為になることもできるのです。

# ★わからないからこそできる★

## ★その人自身が一番よくわかっている★

もし、あなたにお子さんがいるならば、ぜひ考えてみてください。自分の子供にとって、何が一番良いことなのか、どんな人生が一番幸せな生き方なのか、わかりますか？　お子さんのいない方は、誰でもよいのであなたに近い人を想像してみてください。その人にとって、一番良いこと、良い生き方とはどういうものなのでしょうか？

子供の例でいえば、さすがに「良い学校へ入って良い会社に入ることが子供にとって良い生き方です」と信じている人は少なくなってきていると思いますが、それでも、自分の望む生き方を子供に多少でも押し付けてしまう傾向のある人は多いかもしれません。私自身は、「子供にとって何が良いのか、何が幸せなのか」ということは、これまで何度考えてもわかりませんでしたし、今でもわかりません。

その人にとっての本当の幸せ、というのはいくら自分が考えてもわからないというのが私の結論です。

それは、その人自身だけが知っています。あなたは他人によかれという思いから、他人についていろいろ考えてあげたり、提案したり、何かをしてあげたくなるかもしれません。

しかし、それがその人の幸せにつながっているかは決してあなたにはわからないのです。

**もし、あなたが他人の力になりたいのであれば、ただ、その人がその人自身の一番良い道を知っている、そして、それを実現していく力があると信じて見守ってあげればいいの**です。

## ★ こうして人を信頼できるようになっていく ★

プロローグでも申し上げましたが、あなたは、自分の思考を意識的に選択することによって、現実を良い方向へ変えていくことができる力、自分の人生を自分で創る力を持った、パワフルな存在です。

それは、本当に少しの間自分の思考と感情に気をつけてみるだけで自覚できることです。

いい気分でいる時間を長くしていくだけで、現実に良いことが起こりはじめるのですから。自分がそのような力を持っているのと同時に、他人もその人自身の現実をその人自身で創っていける力を持っています。

これに例外はありません。そして、あなたが他人のことをいくら考えたところで、他人の現実をあなたが創造することはできません。またあなたは、他人の人生にはまったく責任を負っていないのです。先ほど申し上げたように、あなたが他人の幸せを見つけてあげることはできないのですから。

もちろん、子供も含め、他人から助言や援助を求められた場合や、目の前に明らかに困っている人がいる場合は、そのときできる限りのことをしてあげたいと私も思います。

相手の為になるからではなく、自分がただ助けたいから助ける、というのは、自分のやりたいことを行動に移すということであり、自分を満たすということですので、あなたに喜びをもたらすでしょう。

そして、あなたが喜べば、その喜びが他人へも伝わっていくでしょう。他人を助けることがいけない、と言っているわけでは決してありません。

あなたが、**自分の行動の根拠を他人ではなく自分に置いているか、そこが大事**なのです。それが自己肯定につながっていきます。

「誰それが○○だから、自分はこうした」「誰それの為になるから、自分はこうした」ではなくて、「自分がこうしようと、こうしたいと思ったからそうした」。それが、自分の考えや行動を自分で決めて、その決めたことを信頼する、ということです。

自分自身が現実を創造していく力を持った存在であり、愛すべき存在だ、ということを知り、他人と自分はつながっているということが本当に腑に落ちてくると、他人も愛の存在であり、力を持った存在なのだ、という認識のもとに、他人を信頼できるようになってくることでしょう。

# 「どう思われるか」なんてどうでもいい

## ★ 自分を批判していく人が減っていく ★

「本当は○○なんてしたくなかったけど、あの人がそれをしたら喜びそうなのでそうした」「本当は流行の○○なんてまったく興味がなかったけど、話を合わせる為に好きなふりをした」「本当は早く帰りたかったけど、上司の手前残業をした」……。

あなたはこのような経験がありませんか。

これまで、他人の同意や賞賛を得る為に何かしよう、また他人に批判されたくないが為に何かをしないと、という思いから、自分の意思とは違う選択をしてきたことがあったかもしれません。

他人に好かれなくては、他人を喜ばせなければ自分は幸せになれない、そう思っているかもしれません。

しかし、**あなたの幸せは、実は他人にはまったくかかってないのです。**

なぜなら、他人は、次の図のようにあなたの出した愛の通り道になることはあっても、プロローグでも申し上げたように、あなたの幸せそのものでは決してないのですから。

**そしてあなたは、他人がどうあろうと、自分が自分のザルの目を開けた状態にさえしておけば、愛も幸せも喜びも豊かさも受け取ることができるのですから。**

もちろん他人から放たれる愛、というのはありますが、それも、あなたがザルの目を開けてそれが通る状態にしておかなければ、それを受け取ることはできません。

つまり、あなたが受け取る愛や幸せというのは「あなたが宇宙や他人からの愛が通る状態に自分をしていたから受け取れた」。または「あなた自身が放った愛が、他人を通って自分に返ってきた」のどちらかです。

**あなたが幸せを受け取るかどうかは、必ずあなた次第**なのです。

あなたの周りには、もしかすると、あなたに否定的であったり、批判的な態度をとる人がいるかもしれません。

しかしそのように他人があなたに対して否定的な態度をとる、それは、その人が固く自分のザルの目を閉じて、愛が通らない状態になっているだけで、あなたの問題ではありま

## 愛のエネルギーの流れ

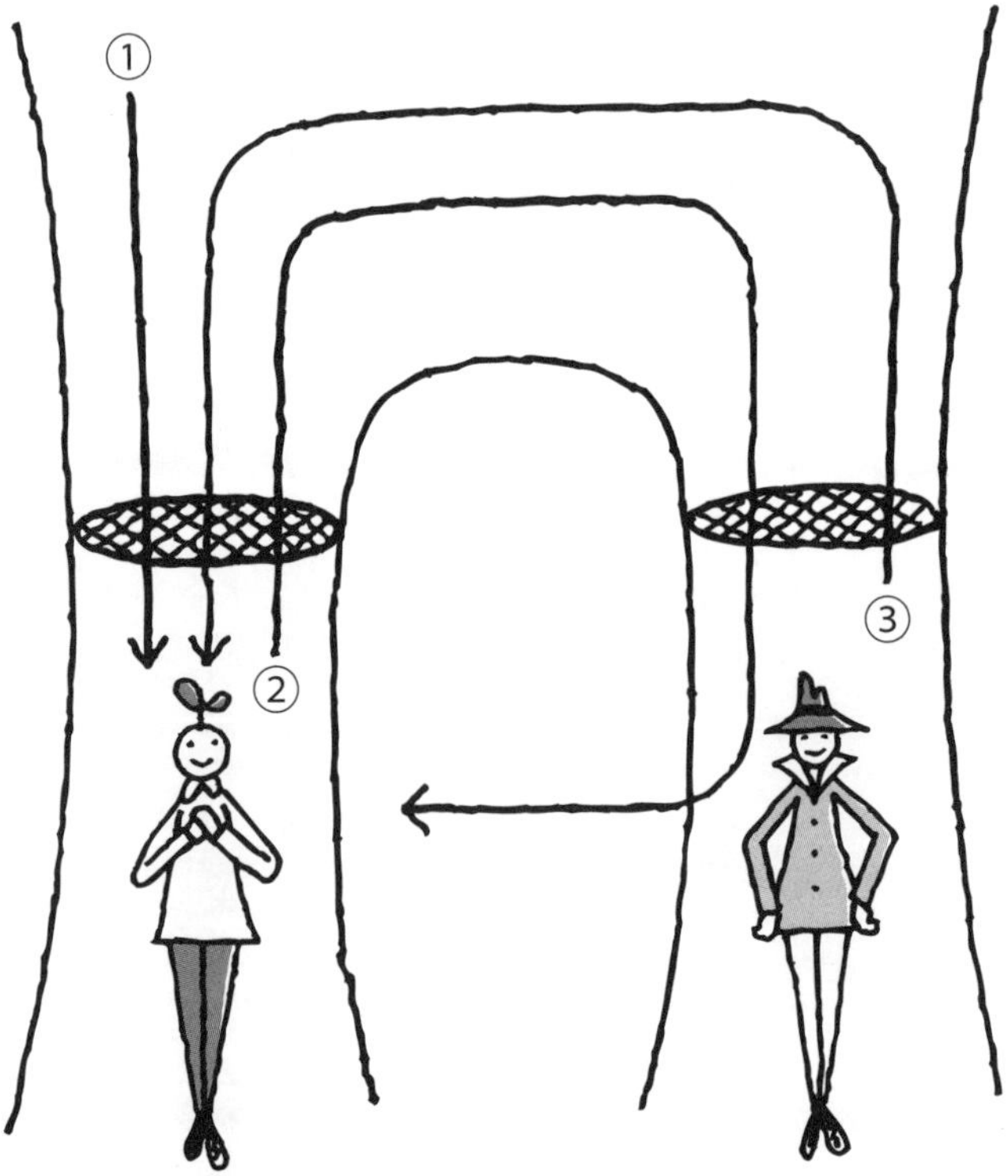


①宇宙からの愛を、自分がザルの目を開けた状態にしていたから受け取れた
②自分から出た愛が、他人を通して返ってきた
③他人から出た愛が、自分がザルの目を開けた状態にしていたから受け取れた

↓

つまり、あなたが愛を受け取れるかどうかは、すべて自分次第！

せん。その人の問題です。

他人があなたに否定的だったり批判的な態度をとったとき、もしあなたが自分を認めておらず自信がなければ、あたかもそれが真実であるかのように感じ、それに振り回されてしまうかもしれません。

しかし、自分の思考は自分で選択できることを知っていれば、そして自分を肯定していれば（全面的に肯定できていなくても、少なくとも自分を肯定しようという意思があれば）、他人の意見は他人の意見として、自分は自分を認めることができる部分を探すことができるでしょう。

あなたに向けられた否定的・批判的なもの、それは相手の問題であると同時に、それをどう受け取るかは自分の問題でもあります。

たとえば、玄関でチャイムが鳴り表へ出てみると、そこに宅配便の人がいて、誰かから何かが送られてきていました。それを送るのは相手の自由であり、それを受け取るか、受け取ったとしても開封するか、開封したとしても使うかどうか、使うとしても嫌々使うのか、喜んで使うのかは、あなたの自由だということです。**相手が何をあなたへ投げかけて**

どう受け取るかはあなたにかかっている

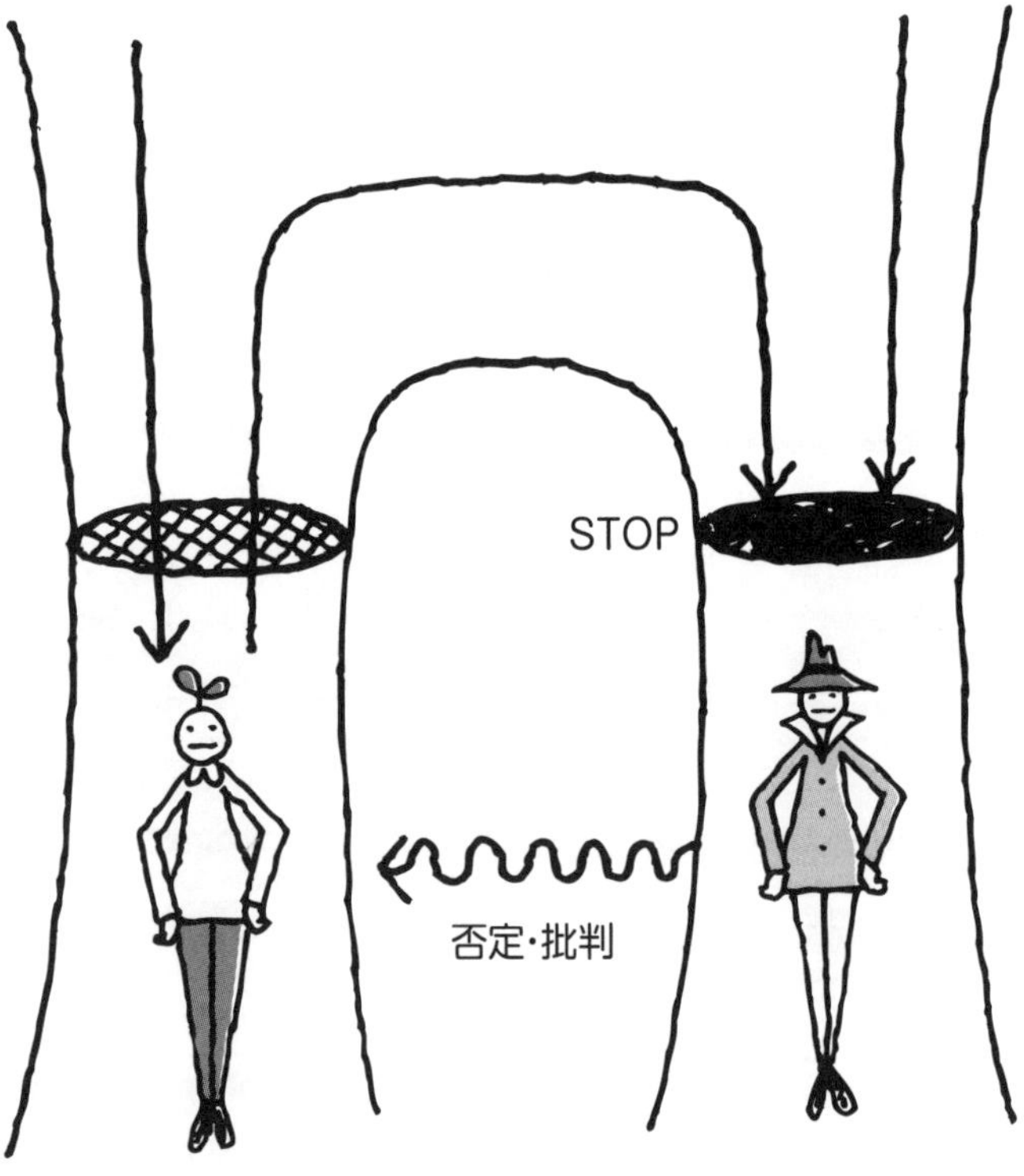

**きたとしても、あなたにはいろいろな選択肢がありますし、選択権は常にあなたにあるの**です。

あなたが他人の批判に対し、それを受け取らなくなればなるほど、つまり**自分を自分で肯定できるようになればなるほど、今度はあなたの周りであなたに批判的な人は少なくなっていく**でしょう。

現実は、あなた自身の反映です。他人があなたに対しどんな言動をとったとしても、あなたが自分自身を認め、そして、「もっと自分の喜びに敏感に、素直になって、私は愛や幸せの回路が開いている人がいい」、「自分はそちらを選ぶ」という意思を持てば、だんだんとあなたの周囲には、あなたに否定的、批判的な人は少なくなってくるのです。

逆にそこでもし、あなたが他人の批判的な言動に心をとらわれて、そのことを強く気にしてしまうと、今度はそのような人を多く引き寄せてしまいます。

### ★　他人は自分の本質とは関係がない　★

他人があなたに向けた否定、批判は、相手の問題であり相手の自由です。そこはあなたがどうすることもできない部分です。そこで悩んでも何の意味もないにもかかわらず、もしあなたがそれを強く気にかけ、そのことに思考と心を支配させるのであれば、さらにそのような人を引き寄せてしまうのです。

どちらをあなたは望みますか？　選択はあなた次第です。

他人にどう思われるかを気にしないということは、他人の意見をまったく聞かず、ただただ我が道を行くということではなく、**他人の意見の中から自分に必要なものだけを自分が選びとる**ということです。

あなたにとって必要な他人の意見とは、あなたがいい気分になれたり、あなたが前向きになれる意見です。あなたにとって良い現実を引き寄せるのは、あなたがいい気分になっているときなのですから。

つまり、自分がいい気分になれたり、自分の夢を後押しする他人の言動はあなたの為になっていますが、それ以外はあなたの為になりません。

あなたの為にならないものは「ああ、あの人はそう思っているんだな」と、他人の意見として流すか、プロローグでも申し上げたように、マイナスではなくゼロかプラスの状態になれる思考を自分自身で見つけていけばいいだけです。

他人があなたに、何か否定的な言葉を浴びせる場合、間違いなく相手のザルの目は閉じています。そして、心配や恐れや嫉妬などのネガティブな感情が支配的になっており、愛を感知しにくい状況になっています。

そしてその不安から、あなたをコントロールしよう、支配しようという思いが生まれているのです。そうした言動を、あなたはあなたに取り入れる必要はまったくありません。それに影響を受ける必要はどこにもないですし、ましてや戦う必要などありません。

たとえば、カレーライスという食べ物を前に、「好きだ」という人もいれば「嫌いだ」という人もいます。

しかしそれは、カレーライスそのものが「いい」か「悪い」かということを意味しません。それと同じように、あなたのことを好意的に思う人もいれば、そう思わない人もいるでしょう。しかし、それはあなたそのものには何の関係もないのです。

**自分がどういう人間なのか他人の判断に委ねてはいけません**。他人の言動はあなたの本質とは何の関係もありません。あなたが、自分はこんな人間だ、こんなことが好きで、こんなことが嫌いで、こんなことができて、こんなことができない、それを知っているだけでいいのです。

否定的なものとは逆に、あなたをいい気分にする他人からの賞賛は、あなたの為になりますので素直に受け取ればよいのですが、自分からそれを求めたり、期待することは、自己肯定にはつながりません。

相手の言葉や態度を、自分に自信を持つ根拠にしてしまうと、いつも相手の反応が気になってしまいます。すると必然的に自分へ注意を向けることが減り、自分に嘘をついて、自分の意志や喜びに従わなくなってきます。

そして、だんだんと自分の放つ愛の量、喜びの量が減ってくるのです。そうすると、あなたに返ってくる愛も喜びも減ることになり、引き寄せる現実も喜びが少ないものになっていくでしょう。**人の賞賛を得よう、人の期待に応えようとばかりしても、あなたが心から満足することは決してない**のです。

他人がどう思うかではなく、自分がどう思うか、どうしたいのか、それを基準にしてできるだけ選択、行動するようにしてみてください。もちろん、現実を生きていくうえで、いつでもそのようにできないこともあるでしょう。そんなときは、時と場合によっては他人を優先するが、その決定を下すのは自分であって、他人が理由でそうするのではない、と考えることができます。

他人がどう思うかは他人の選択であり、他人の問題です。自分自身のこととは切り離して考えましょう。他人にどう思われるかにかかわらず、自分で自分の思考と行動を選んで決めるということを意識し、少しずつでもそれができるようになってくると、自己肯定力が自然と上がっていきます。

## あなたの「まともな人」と私の「まともな人」

### ★ 基準はその人だけのもの!? ★

これまであなたは、まともな何者かになろうと頑張ったことがあったかもしれません。たとえば、「まともな親だったらこうだ」とか、「親だったらこうあるべき」というような会話がありますね。

でも、考えてみてください。「まともな親」というものをこれまでに見たことがありますか？　「これがまともな親です」という見本や基準を見たことがあるでしょうか？　誰も見たことがないと思います。もちろん、私も見たことがありません。

ある人が、「まともな親だったら……」というような発言をするとき、その人の頭にあるのは、その人の考えるまともな親です。その人の基準です。

たとえば、あなたが意地悪なお義母さんに「まともな親だったら、こうよ」なんて言われても、まったく気にする必要はないのです。まともな親、というもの自体存在しないので、この発言に意味はないのですから。これは、親だけではなくてもどんな場面でも同じです。「まともな学生」「まともな社会人」「まともな嫁」「まともな人間」。こういったものは存在しないのです。

「まともな人だったら、こうよ」を翻訳すると、「こうしなさい、そうすれば私が気に入るから、私の気分がいいからね」となります。もし今後、このような発言を聞いたら、自分の中で翻訳してしまえばいいのです。

**他人の気に入る誰かになる必要はありません。まともな誰かになる必要もありません。**

大事なのは、自分がどんな人でありたいか、それを考え、できるだけそのようにふるまうことです。そして、それには決まった正解はなく、自分自身の中での正解があるのみです。すべては自分の中にあります。いつも、自分がどうありたいか、そしてそうある為にはどうすればいいか、それを考えてみるようにしましょう。自分に注意を向けていれば、その答えが見えてくるでしょう。

# ★自分を愛することは決して傲慢ではない

## ★大きく見せようとする見栄★

ただ自分を愛して、自分を無条件に素晴らしい存在だと認めて、と言われても、それでは傲慢なのではないか、自惚れなのではないか、というような疑問を持つかもしれません。

果たして、「自己肯定」と「傲慢」や「自惚れ」の違いとは何でしょうか？

もしあなたが、社会的な基準に照らし、自分を実際以上に良く見せようとふるまうのならば、それは傲慢です。それは、自己肯定ではなく、ありのままの自分をまだ認められていないが故に、自分をもっと良く、もっと大きく見せようと持ってしまう見栄なのです。

また、自分だけが素晴らしく他人はつまらない存在だ、とか、自分が正しく他人は間違っている、そう思うのであれば、それは宇宙の真実から見ると、大変ずれた認識です。

これも、自分と他人は別々のものである、という分離の意識からくるものです。

このような過大評価や他人との比較をするのであれば、それは傲慢であり、ただの自惚れです。

## ★　今の自分の中にあるものでいい　★

しかし、そのままの自分自身を自分が認め、そして自分と他人がつながっているという意識があれば、自分を愛し、素晴らしいものだと思うにつれて、他人も同じように無条件に素晴らしい存在なのだ、と思えるようになってきます。それは、真の自己肯定です。あなたが、自分を過大に見せようとせず、自分の素晴らしさと、他人とを比べていない限り、それは傲慢ではありません。

第五章で自分のいいところを探す練習をしていきますが、自分が無理やりいい人になるのではなく、今の自分の中にあるもので、自分でいいと思える面に注意を向けるようにしていくと、他人のいいところにも目がいきやすくなってきます。

そして、他人も自分と同じように愛すべき、素晴らしい存在なのだということがどんどんとわかってきます。**真に自分を愛することとは、決して傲慢でも自惚れでもない**のです。

## ★「ありのままを認める」ことと成長との関係

### ★こんなときはエゴが原因★

「ありのままの自分を無条件に認めていいのですよ」と言われると、そこから自分は成長しないのではないか、という不安を抱く人もいるかもしれません。

また、自分の楽しみや喜びばかりを追い求めていたら世間から取り残される、みんなはこんなに努力しているのに、自分は好きなことばかりしていたら、置いていかれるという不安もあるかもしれません。

しかし、それは「成長」というものを誤解しているだけです。実は「成長」とは社会的に認められることでも、社会的な成功を収めることでもありません。先ほど申し上げたように、他人がどう思うか、他人にどう評価されるかは、自分の本質とは何の関係もないのですから。

そうではなく、実は「**成長」とは自分の喜びを追求していくこと**なのです。次章で申し上げていきますが、私たちは自分の喜びの為に、自分の心が喜ぶことをもっともっと経験する為に、この地球で生きているのです。

ですので、その目的に沿って生きていくことが成長です。そして人間は誰でも、意識しなくとも、そもそも成長すること＝喜ぶことを望んでいるのです。そのために生まれてきているのですから。

ただし、あなたのエゴがそれを邪魔することがあります。

エゴと言うのは、目が詰まった状態のあなたのザルのことです。ザルの目がかなり詰まってしまっている状態ですと、宇宙からの幸せと豊かさのエネルギーが届かず、従って宇宙の自然の状態である幸せに対しても、喜びに対しても前向きになれません。

その代わりに、エゴからくる否定的な考えに支配されてしまいます。たとえば、望むものを手に入れなくてもいい、幸せになれなくてもいい、生きる喜びを得られなくても、なんとか安全に生涯を終えることができればそれでいい、というような思いがあるとすれば、それはあなたのエゴからきているのです。

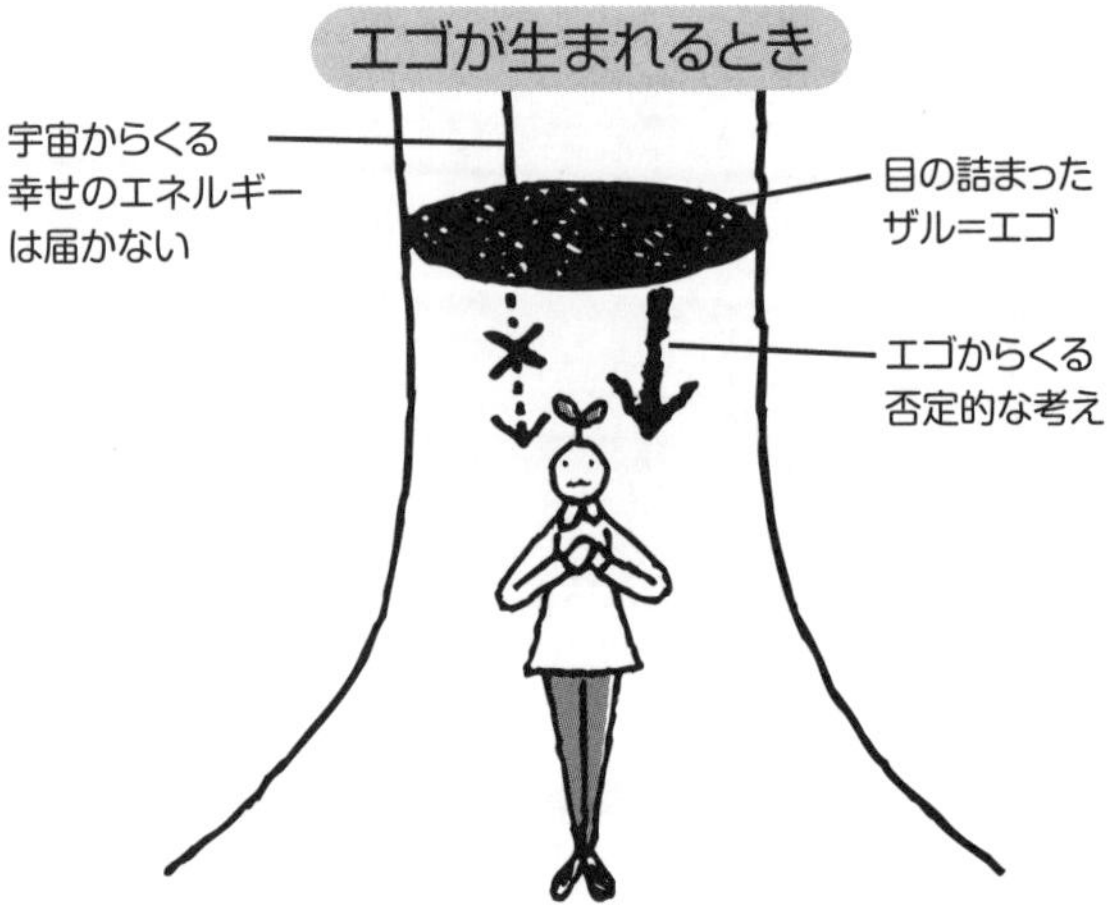


### ★ こうすることが成長につながっている ★

あなたが、自分を認め、自分の力を信じれば信じるほど、当然いい気分になるため、ザルの目はあいていくので、このエゴは力を失っていきます。

そしてエゴの影響力が減り、本来持っていたもっと喜びたい=成長したいという思いが前へ出てきます。これも、あなたが今まで信じていたこととはまったく逆のことかもしれませんが、**自分が自分を認めることができるようになること、それこそが成長を促していきます**。

あなたがあなたを認めると、それはあなたの成長を止めるどころか、加速させるのです。

**ありのままのあなたを認めることは、決して自分に妥協し、そこで歩みを止めることではありません**。逆に、今の自分を認めてこそ、あなたの人生が上を向いていき、次へと進んでいけます。

もしかしたらあなたは今まで、「今の自分をそのまま認めていいんだよ」と言われる機会はほとんどなかったかもしれません。ですからそれに慣れておらず、多少の抵抗は感じるかもしれません。また、これまでは謙遜の気持ちから、自分を過小評価することのほうが多かったかもしれません。しかし、自分を過小評価するということは、自分を制限し、自分の可能性をせばめるということと同じことです。

自分が自分をどう思っているかが、現実に反映してくるのですから、自分のことを小さく考えても、その小さな現実が返ってくるだけで、あなたにとっていいことは何もないのです。

あなたは、あなた自身を大きくも、小さくも見せる必要はなく、そのままの自分を認めることが成長につながっていきます。

# 大切なのは「どの部分」を見るか

## ★ 自由を尊重してあげる ★

あなたの周りにはあなたの愛すべき人たちがいることでしょう。その人に、何かを与えることや何かをしてあげること、それが愛であるかのように思うかもしれません。もちろん、そうした行為を否定はしません。

しかし先ほども書きましたが、そうした行為がその本人の幸せにつながっているかは、やっている側の人間にはわかるものではありません。あくまでも、自分がしたいから、自分の意思でするものなのです。

そのように、「あなたが自分の喜びとしてそうしたいからする」というときには、あなたは他人に良い影響を与えています。

しかし、相手の為に何かしなくてはいけない、相手に何か与えなければいけない、と思って何かをしたとしても、実は何も良い影響は与えられないのです。そして、**相手に何かしてあげよう、相手が喜ぶことをしよう、それが愛なんだと思っていると、あなたはあなたの人生を相手の機嫌をとることに費やしてしまいます。**

他人のことは、あなたにはわかりません。他人の幸せはその人次第です。そして誰しも、自分の道を自由に歩む権利と力を持っています。

つまり、真に他人の為になること、他人を愛するということは、何かをしてあげたり、何かを与えることではなく、他人をありのままに、そのままに認め、相手の自由を尊重することなのです。つまり、決して他人を変えようとせず、他人のしたいようにさせて、ただ見守るということです。

たとえばあなたの周囲の人に対して、特に恋人や子供に対しては、今すぐそのような気持ちにはなれないかもしれません。しかし、少しずつでもそのままの自分に自信が持てるようになれば、あなたは誰に対しても制限したり縛ったりする必要がなくなっていきます。愛情をもって、相手を自由に解放してあげることができるようになっていくのです。愛は自由なのです。

## ★ 見方次第で人間関係は良好になる ★

また、あなたはパートナーが自分を幸せにしてくれると思っているかもしれません。先ほどもあなたの幸せは他人にはかかっていないということを書きましたが、決して他人があなたの幸せそのものであるということはありません。

あなたは、あなたが自分のザルの目を開けたからこそ、幸せであり、あなたが相手の中に自分が幸せを感じる側面を見つけたその結果に、あなたの幸せがあるのです。

あなたが相手の中に、自分がいいと思う面を見る、これも、他人を愛する、ということです。**相手が幸せにしてくれるのを期待するのではなく、自分が自分で幸せを選ぶ**のです。

そこを履き違えると、あなたはいつまでたっても本当の幸せがわからないし、幸せに辿りつきません。

あなたを幸せにできるのはあなただけ。そして、あなたが自分を幸せにすれば、幸せを引き寄せ、幸せがさらに大きくなっていきます。本当に逆説的ですが、**幸せは相手次第ではなく自分次第だと、本当にそのように思えたら、素晴らしいパートナーが現れたり、すでにパートナーがいる人はこれまでよりいっそう調和していきます**（時と場合によっては今のパートナーと別れ、新しいパートナーが現れることもあります）。

お互いを必要とせず自立したときに、より喜びを分かち合えるようになります。あなたが自分で自分を認め、愛し、そして自分の幸せを自分で選択できるようになればなるほど、人間関係も充実し、うまくいくようになってくるのです。

あなたは、他人がどうあろうが、あなた自身ですでに完結した素晴らしい存在です。もし誰かが愛してくれたら自分は幸せになれる。そのように自分の外に愛を見つけようとしても、絶対にうまくいきません。なぜなら、自分が自分に愛を注いでいない状態で愛を引き寄せるのは不可能だからです。そのような状態で引き寄せられてきた他人と言うのは、あなたと同程度に自分に対する愛がない状態の人です。お互いがそのような状態で、良い関係を築こうとしてもそれはできない相談なのです。

**恋愛に限らず、すべての人間関係がうまくいくかどうかの分かれ目は、自分が自分を愛しているか、自分が自分の幸せを選んでいるか、そこにあります**。

そして人間関係においてはどんな場合も、誰と付き合うかではなくて、目の前の人のどの部分を「あなた」が見るかが大事なのです。自分の見方を整えれば、必ず人間関係に良い影響を与えるようになっていきます。

# 愛する力がもっとも高まるとき

## ★ 自分に丁寧に生きていくということ ★

ここまで、世間の常識やこれまであなたが抱いてきたであろう観念からみれば、他人に対して少々冷たすぎるのではないか、そして自分に対して優しすぎるのではないか、と思われても仕方のないようなことを申し上げてきました。

**しかし何も、他人に優しくしてはいけません、と言っているわけではありません**。他人への優しい気持ちは素晴らしいものです。それは持ちつづけてください。ただ、「他人より先に自分ですよ、心ゆくまで存分に自分を愛していいのですよ」、ということをお伝えしたかったのです。

このように、他人ではなく自分だよ、と私が強く申し上げる真意、それは、自分さえよければ他人がどうでもよいということでは決してなく、とにかく、自分に対して注意を向け、自分の心に耳を傾けて、自分に丁寧に生きてほしい、自分を愛して欲しいからです。そして、自分を満たすということへの抵抗を取り除いて欲しいからです。そうすることが、あなたが心から望む、充実した人生を引き寄せる鍵であり、生きる本当の喜びがそこにあると確信しているからです。

## ★　他人を考えなくなればなるほどうまくいきだす　★

にわかには信じがたいかもしれませんが、他人について、そして外の世界について考えなくなればなるほど、そして、自分を認め、自分自身と自分の望みについて考えれば考えるほど、すべてはうまく回りはじめます。あなたの毎日や人生がリズムを取り戻して、あなただけの音楽を奏ではじめるように、美しく自然に流れていくのです。

自分のことばかり考えることは、ちょっと淋しいような気がするかもしれません。しかし、そんな心配は要らないのです。

あなたが望みを放ち、それが現実化していく過程で、必ずそれに喜んで協力してくれる人が現れてきます。そして、それを一緒に成し遂げていけば、あなたもその人も一緒に喜ぶことができ、そして喜びが何倍にもなるのです。

あなたがあなたを愛するとき、あなたが他の人を愛する力、他の人に喜びを与える力も高まっていきます。

**あなたが喜んでいなければ、他の誰をも喜ばせることはできません。誰かのことを無条件に愛すには、まず自分のことを無条件に愛す必要がある**のです。

自分を無条件に認め愛することにより、あなたはますます愛を放つ存在に、惜しみなく愛を与えることのできる存在になっていきます。そして、他の人もあなたの持つ愛、そこから放たれる暖かさや穏やかさを感じてくれるでしょう。

あなたは、あなたが心から満足する人生を送っていいのです。あなたはいつも喜びや笑いに溢れ、幸せを感じて生きていいのです。それが自然な状態です。そして、それによって周囲の人へも幸せや喜びを広げていくことができるでしょう。

# 第四章

## 引き寄せスパイラルの法則④
# 宇宙の真実を知る

# ★宇宙の真実と地球の現実

## ★どうしてもいい気分になれないとき★

いつでもワクワクして、そして自分を信じて過ごすことができればいいのですが、毎日の生活の中で、あなたはどうしてもいい気分になれなかったり、自分を否定してしまうような出来事に遭遇することもやはりありますよね。

そういった場合に、目に見える現実だけにとらわれていると、落ち込んだ気分からなかなか回復できないこともあるかもしれません。そんなとき、これからご紹介する宇宙の真実を知っていると、それがあなたの助けになってくれることがあるでしょう。

少々スピリチュアルな話になりますが、現実を前に落ち込んでしまうとき、宇宙の真実を思い出すことができれば、自分を愛する気持ち、自分を素晴らしいと思える気持ちが湧き上がってくる助けになってくれるのです。

ところで、「宇宙の真実」とはどういったものなのでしょうか？

たとえば、これまでに「すべてはつながっている」と何度か書きましたが、この「すべてはつながっている」、究極には「すべてはひとつである」ということは、宇宙の真実です。

地球も含め、宇宙全体を貫いている真実なのです。しかし、あなたの目の前の現実では必ずしも、この宇宙の真実をいつも体験できるとは限りません。

「すべてはつながっている」と言われても、この地球上のあなたの現実の中では、あなたと何かがつながっている、と感じることもあるかもしれませんが、つながっているように感じられないときのほうが多いと思います。

このように、「宇宙の真実」と「地球の現実」の間には、多かれ少なかれギャップがあります。

## ★　外の世界である地球にいると……　★

この地球上では、こうした宇宙の真実をいつも感じることはできません。そしてそれは当然のことで、私たちのいる地球という場所は、すべてはひとつだという宇宙の真実をわざと感じられないような仕組みになっているからなのです。

あなたが地球へ生まれてくる前は、こうした宇宙の真実の中に、すべてはひとつでつながっているという世界にいたのですが、もし、つながっているという状態しか知らなければ、自分がつながっているということもわかりません。

たとえば、お腹の中にいる赤ちゃんは、外に出てくるまでは外という世界があることも知らないため、自分がお腹の中にいるということもわからないということです。外に出て初めて、自分がお腹の中にいた、ということを知るのです。

宇宙がお腹の中だとすれば、地球は外の世界です。地球という場所に来ることで、すべてがひとつでない状態、つながっていないように見える状態を知り、もとの場所に戻ったときに、よりつながりというものを感じることができるようになるのです。

このような仕組みですので、「すべてはひとつである」というような宇宙の真実を語る言葉は、少し現実離れしていて、素直に信じられないと感じることのほうが多いでしょう。

しかし、生活の中でこのようなことを感じることができなかったとしても、こうした宇宙の真実を知っているか知っていないかでは大きく違います。

なぜなら、**あなたが宇宙の真実を知り、そしてあなたの考えが宇宙の真実に少しずつで**

**も寄り添えば寄り添うほど、宇宙の自然な状態である、愛、幸せ、豊かさが、あなたの現実にも表れてくる為、あなたの地球での現実も幸せや喜びが大きくなっていくからです。**

もし、何かに行き詰まったら、いつでもこの章で紹介されている宇宙の真実を思い出すようにしてみてください。

全面的に信じる必要はありませんので、ただ、思い出すだけでかまいません。それは、あなたの望む現実を創る大きな助けになっても、邪魔になることは決してないでしょう。

この章に書いてあることは、すべて、私はあなたに証明することはできません。また、なにか裏付けがあるものでもありません。

しかしあなたが、もし、そうかもしれないと思い、そう信じれば信じるほど、あなた自身があなたの現実の中にその証拠を見つけることになるでしょう。

宇宙の真実というものは、そういうものなのです。あなたが、現実の中に、宇宙の真実を見つけようとする、自分で真実だと感じようとする。そうするしか、それが真実だと感じる方法はないのです。逆にそんなはずはないと受け入れず疑っている限り、それがあなたの人生には現れることはありません。

もちろん、無理してそう思う必要はありませんが、前章で見てきた過去からの刷り込みを少しずつ手放しつつ、こうした宇宙の真実を少しずつでも受け入れていけば、あなたの現実はどんどん望む方向へ、素晴らしいものへと変化していくでしょう。

### 宇宙の真実

- すべてはひとつである
- すべてはつながっている

# 宇宙にはこの3つの流れしかない

## ★　地球にいるからこんな体験もできる　★

「宇宙には、本当は愛と幸せと豊かさの流れしかない」ということも何度か書きました。

これも、愛しかない、すべては愛だと言われても、何かを愛だと疑いなく感じることができる場合もありますし、そうでないことも、もちろんありますね。

しかし先ほどと同じで、愛ではないものを知り、より愛を深く感じることができるように。また、より自分が愛を求めているんだ、喜びを求めているんだ、ということを知ることができるように、愛でないように見えるものを体験できるのが地球という場所だからなのです。

## ★ 絶え間なく愛を注いでくれる ★

宇宙は、無条件の愛で満ちています。

宇宙は、「あなたがもし○○だったら愛しましょう」などという条件をつけることは決してありません。

「あなたが善い人であったら、善い行いをしたら、愛をあげましょう」なんていうことはないのです。どんなあなたでも、今のあなたに、そのままのあなたに絶え間なく愛を注いでくれています。

そして宇宙はあなたを愛するがあまり、すべてをあなたに決めさせてくれているのです。宇宙はあなたを愛している、という事実はどんなときも揺らぎませんが、もしあなたがあなたを愛していなければ、そのあなたの選択をあなたに起こる現象として優先してくれるのです。

あなたがあなたを愛していなければ、愛のないように感じられる現実が創られ、あなたはそれを経験します。

だからもし愛を感じたければ、自分を愛すだけでよいのです。

宇宙には愛と幸せと豊かさの流れしかないのだということは、あなたができるだけいい気分を選択し、自分を愛する力を高めていけば、間違いなく感じられるようになってきます。そして宇宙からのありあまる愛とプレゼントを受け取る日が来るでしょう。

**宇宙の真実**

・宇宙には愛と幸せと豊かさの流れしかない

# 積み重なってできていった否定感

## ★ それらは外から創られる ★

「あなたは、そもそも素晴らしい存在である」。これも宇宙の真実です。しかし、これも同じで、いつでも自分が素晴らしいものだとは感じることができないかもしれません。

あなたは、自分の身体だけが自分だと思っているかもしれません。しかし、あなたの大元というのは、もっと大きな、宇宙の源につながっている存在なのです。それには、誰も例外はありません。

この地球上で何を思い、何をしようとも、しなくとも、その事実は決して揺らぎません。あなたの大元は、愛でできている宇宙のエネルギーそのもの。ですから、あなたは、そして誰もが、そもそも素晴らしい存在なのです。あなたは、あなたであるだけで、そのままで素晴らしい存在、生きる価値のある存在です。

あなたは過去に、人からいろいろ言われ、否定されたこともあったかもしれません。誰にでも多かれ少なかれ、そのような経験はあるでしょう。

それが積み重なって、自己否定感につながってしまうというのは、よくあることだと思います。しかし、その否定感というのは絶対に外から来ているのです。

もし、誰にも否定されずに育ったら、あなたは赤ちゃんのときと同じように、自分を否定することなんてなかったでしょう。

最初から自分を否定なんてしていなかったはずです。長い年月の中で、外から来る意見を採用してしまっただけにすぎません。

事実としては、あなたがだめだというわけではなく、誰かがだめだと言っていた、ということにすぎません。

誰かがだめだと言ったからとって、それは、あなたがだめだということを意味するわけではありません。あなたの思考の中に自分を否定する思いがあるから、それを見せてくれる現実が創られている、ということは言えますが、それも、あなたがだめだということではありません。

ですから、外の意見ではなく、自分の内側、自分の大元はなんなのかというところに目を向けてみてください。

本当の自分、そこに目を向けてみるのです。本当のあなたというのは、誰でも例外なく素晴らしい存在です。そして、この肉体を離れれば、結局は誰でも同じです。誰でも、本質は愛なのです。

## ★ 変わる必要はまったくない ★

あなたは今、良い人生を引き寄せようと思い、そして今の自分から変わりたいという思いを持っているかもしれません。

もっと良い人生、もっと喜びに溢れた人生を望むことは素晴らしいことです。

**しかしそのために「変わりたい」と思うのは、今の自分を否定することにつながってしまいます。**

変わりたい、変わらなきゃ、という思いの根底には、やはり今のそのままの自分を認められていない、ということがあるのです。

**あなたは、変わる必要があるのではなく、ただ、そもそもの自分、素晴らしい自分を思い出せばよい**だけです。今、この本を読んでいるそのままのあなた、その本質はすでに何も変わる必要のないかけがえのない大切な素晴らしい存在なのですから。

このことについても、私はあなたに証明することはできません。でもどうか、少しでもいいので信じてみてください。

そうすることで、何の損もしません。それどころか、あなたが信じれば信じるほど、あなたは、自分が素晴らしい存在なのだ、という現実を体験することになるでしょう。

宇宙の真実

・人間とは、誰しもそもそも素晴らしい存在である

# ★ その場所に失敗は存在しない

## ★ どんなときでも進んでいる ★

生きていたら、どうしても失敗を恐れてしまうことがありますね。また実際に何かを失敗した、と思うようなことがあって、落ち込んでしまうこともあるでしょう。

それは仕方のないことです。しかし、少し気分が落ち着いてきたら、そこから、自分の思考の選択次第でどんな未来をも創っていけるということを思い出してみてください。

そのように考えることができると、「失敗」なんていうものは存在しないことになります。そのとき失敗だと思えるようなことがあっても、それは単に通過点にすぎず、次への展開につながっているのですから。失敗した時点で時間が止まるなんてことは絶対にないありません。「失敗は成功のもと」とはよく言ったもので、あとから振り返るとそれも必要な経験だったということはよくあるのではないでしょうか。

実は、「大きな視点から見るとすべてはうまくいっており、すべては完璧なタイミングで起きている」というのが宇宙の大前提です。ですので、あなたの人生だけがそうではない、なんていうことはあり得ません。

これも、今このことをそのまま信じることは難しいかもしれません。最初は、もしかすると、うまくいっているのかもしれない、という程度でかまいません。

何か、うまくいっていないようなことが起こっても、「もしかするとうまくいっているのかもしれない、何かにつながっているのかもしれない」という視点を持つようにするだけで、あなたは徐々に、人生がうまくいっているという証拠を自分の現実の中に見つけられるようになっていきます。そして、あとになって振り返ってみると、すべては完璧なタイミングで起きていたことがわかるようになっていくのです。

**宇宙的真実**

- すべてはうまくいっている
- すべては完璧なタイミングで起こっている

# 生まれてきたからには使命や課題がある!?

## そのエネルギーを自分に向けてみよう

スピリチュアルの世界に足を踏み入れた人は特にそうかもしれませんが、人生には何か使命や課題があって、それを達成しなくてはこの人生を卒業できない、というように考えている人もいるかもしれません。

また、今の人生に心から満足できず、何か他に使命があるはずだ、と探している人もいるでしょう。

しかし、**人生には本当は使命もなければ、課題もない**のです。あなたが自分で決めた「今回の人生でやりたいこと」というのはもちろんありますが、「誰かから与えられた課題や果たすべき使命」はありません。

あなたに今の人生でやるべきことがあるとすれば、それは、「どれだけ自分を喜ばせることができるか、楽しめるか」「どれだけ自分のやりたいことに前向きになれるか」「どれだけ自分を愛することができるか」。それだけなのです。

もし、あなたが使命感に燃えているなら、それを自分に向けてみましょう。あなたの外側には、何も使命はありません。すべては自分の内側に存在しています。

## ★　人生の設計図を探す必要はない　★

またあなたは、あなたが生まれてくる前に自分で描いた人生の設計図を探しているかもしれませんが、それを見つけようとする必要もありません。設計図を探そうとすると、今はまだ自分の本当の人生を生きることができていないという自分の思いが強化され、現実化されてしまいます。

設計図は探そうとしても決して見つかりません。自分を知り、自分の望みに前向きになっていくことによって、自然とあなたはその道に落ち着きます。そしてそのときあなたは、自分の道を見つけたとはっきりわかるでしょう。

生まれてきた意味、そして生きている目的というのは、より自分を知る為、そして自分の喜びを追求する為です。それ以外に使命などありません。自分を知れば知るほど、自分に意識を向けるほど、あなたの人生は充実し、喜びに満ちていくでしょう。

宇宙の真実

・あなたには使命はない
・あなたは自分を知り、自分の喜びを追求する為に生まれてきている。

# ★「役立とう」と思ってしまう人の共通点

## ★ 地球にとっても必要である ★

あなたは、たとえば職場などの人間関係の中で、自分が役に立っていなければ自分の価値を認めてもらえない、または自分の価値を自分で感じることができないと思うことがあるかもしれません。

しかし、第三章でも申し上げましたが、他人との関係の良し悪しであなたの価値が左右されるわけではありません。宇宙の真実としては、あなたは地球に生まれてきたその時点で、すでに地球にとって必要な役に立っている存在なのです。役に立っていない人、というのは宇宙的に見れば存在しません。

あなたは誰かの為に何かをしなくてはならない存在でもないし、誰かの評価を得なくてはいけない存在でもありません。自分の為に、自分の喜びを表現する為にここにいる存在なのです。

## ★　すでに役立つ存在だった　★

誰かの役に立つ為に、誰かの期待に応える為に、別の人間のようになろうとする必要はありません。別の人間のようにふるまう必要もありません。あなたはあなたであって、絶対に別の人間になることはできないのですから。もし、あなたが今いる場所で、受け入れられてないと感じていたとしても、それは、あなたがまだ自分をあまり好きになれていないからそう感じるだけです。自分が自分を認められていないからそう感じるだけなのです。少しずつでも、本来のあなたを表現し、そして自分を愛し認めていけば、そのままのあなたを受け入れてくれる人が徐々に増えてきます。

そのままのあなたがここにいる、ただそれだけでいいのです。それを自分で認めるだけでいいのです。役立とうという思いは必要ありません。あなたは、すでに役立っています。

宇宙の真実

・人間とは、誰しも存在するだけで役立っている

# あなたは、もっと幸せになっていい

## ★ 宇宙は無限で公平 ★

自分が幸せになったら、他の人は幸せになれない、自分が成功したら、他の人の機会を奪ってしまう、そのような考えを持つ人もいるかもしれません。しかし、それはただの思い込みです。

宇宙は無限で、そして誰に対しても限りない優しさを持っているのです。

宇宙はあなただけを愛し、他の人を愛さない、というようなことはありません。あなたは幸せになることができるし、あの人も、その人も、誰でも自分さえ望めば、自分がそう選択すれば豊かに幸せになれます。自分のやりたいことを存分にしながら、楽しく生きていくことができるのです。

## ★ 当てはまるパズルがそこにある ★

また、自分が幸せになると誰かが妬むのではないか、誰かが悲しむのでは、という不安もあるかもしれません。

しかし、それは相手の問題です。あなたがどうすることもできない部分なのです。もし、あなたの喜びを妬む人がいるとしたら、その人も自分次第で幸せになれるにも関わらず、自分の意志でそれを拒否しているだけです。

そして、あなたが喜びの人生を送る姿を見せることが、他の人にもそのような人生を送ることができるという励みになり、自分も前向きに人生を送ろう、という気づきになるのです。そのようにしか、他人を変えていく方法はないのです。

そしてあなたの夢は、決して他人の夢を邪魔することはありません。宇宙は、壮大なパズルです。

ひとつとして同じ絵柄のものがなく、全部ちゃんとはまる場所が決まっているパズルなのです。

誰一人としてあなたと同じ人間というのはいませんし、あなたとまったく同じことをしたい、と思っている人はいません。ですので、**誰もが自分のワクワクに従って、****本当の夢を追い求めて生きていくと、それが重なったり、お互いに邪魔してしまうことなどない**のです。ぜひ安心して、自分の夢を、自分のワクワクを追求してください。

宇宙の真実

・宇宙は無限であり、宇宙は誰に対しても平等に限りない優しさを持っている
・あなたは宇宙で唯一の存在であり、何を表現しようとしても、それが重なることは決してない

# ほら、あなたに必要なことが見えてきた！

## ★ ちょうどいいぶんだけ手に入る ★

「自分を認め、自分の夢に素直になって、思いきり自分を表現してください」、と言われても、自分のやりたいことではなく、社会にとって「いいこと」をしなくてはいけないのではないか――。

また、自分も含め、誰もが自分のやりたいことをやるようになると、地球の資源を消費しつくして環境に悪影響なのではないか、というような不安を持つ人がいるかもしれません。しかし、これもまた思い込みです。

あなたが望むものに素直になればなるほど、あなたは自分にちょうどよい、自分が幸せを感じるのにちょうどよいぶんだけを求め、それを手にするようになります。

そして、それ以上を求めて不足感に苛まれることもなくなります。本当に自分を知れば、バーゲンにいって安いからといって特に欲しくもないものを買ってしまうようなことはなくなる、ということです。

あなたは自分をよく知り自分を満たせば満たすほど、本当に自分に必要なものがはっきりとわかるようになってきます。そして地球や宇宙と調和した状態になってくるのです。

## ★　どう表現していくかで決まる　★

また、多くの喜びを得て楽しんで生きることは道徳的でない、というような観念を持っている人もいるかもしれません。

しかし、これも思い込みであり、宇宙の真実ではありません。宇宙は、あなたが慎ましく生きようが、豪華に生きようが、気にしません。ですので、あなたの好きなように、あなたが喜ぶように生きていけばいいのです。そして、自分が喜べば喜ぶほど、ザルの目が開いていきますので、それは、地球に宇宙の愛と幸せのエネルギーを流し込んでいることになり、大きく捉えると地球の為にもなっています。

あなたが喜びを追求すること、それは誰にも迷惑をかけないし、資源を浪費することにもなりません。

そして、あなたが**自分を表現すればするほど、地球も宇宙も同じ経験をしていることになり、豊かなものになっていきます**。あなたの経験が、地球をより豊かに、より素晴らしい場所にしていくのです。あなたは自分のしたいことに対して、遠慮する必要も、我慢する必要もまったくありません。

これは綺麗ごとではなく、この地球上で、余計な人は本当に一人もいません。必要のない人は生まれてくることはできないのです。そして自分にしかできない生き方で、自分を表現する為にここにいます。

そして今、あなたが何をしていようと、それはあなたにとっても、そして地球全体にとっても大切な、貴重な経験です。あなたにとって、好ましい経験も、嫌な経験もあるかもしれません。しかし、それを本当にいい経験にするのか、悪い経験にするのかは、すべて、あなたの受け止め方次第。あなたが、それをどう受け止めるか、そしてそこから何を選択するか、すべてあなた次第なのです。

宇宙の真実

・あなたが自分を表現すれば表現するほど、宇宙は豊かになっていく

# 第五章

## 引き寄せスパイラルの法則⑤

# 自分を愛し認める

# ★　自分に軸を戻す生活をはじめよう

## ★　意外と他人について考えてしまっている　★

ここまでお読みいただきましたが、いかがでしたでしょうか。

たとえば、自分に意識を向けることについて、あなたはどうお感じになられましたか？

あらためて自分のことを考えはじめると、今までどれほど多くの時間を他人について考えてきたかがわかることでしょう。

誰かの為や生活の為に費やしている時間が多すぎ、なかなか自分のことをゆっくりと考える余裕がなかったことに気づいたかもしれません。たとえば恋愛中の人は、相手に情熱を注ぐことはあっても、自分に情熱を注いだ記憶はあまりないかもしれません。

しかし、他の人に自分の思考の多くを向けている限り、夢もなかなか実現しませんし、幸せを感じることも、喜びを感じることもあまりできません。

## ★ 自分自身のファンになる ★

そうであるにもかかわらず、多くの人は恐ろしく膨大な時間を自分以外の人についてや、自分の望まない物事に費やしています。その状態では、自分の望む現実が手に入るわけはありません。

**自分の夢を叶え、望む人生を生きていくには、自分の思考を、自分と自分の望むものに向けて、できる限り多く使うことが大事です。**

100%にする必要はまったくないのですが、他人のことや外のことを考えている時間より、自分のこと、自分の夢や望みを考えている時間の割合が多くなってくれば、簡単に夢は叶うようになってきます。

最初から無理して自分を好きになる必要はないので、ぜひ自分自身について、自分が好きな面を見つける努力をしてみてください。まず、自分に興味を持ってあげてください。できるなら、自分自身のファンのようになってみるのです。これまで友人や、家族や恋人にしてきたのと同じように、自分について考え、そして自分に対して接してみましょう。自分に中心を戻し、自分を愛そうとするのです。

この章では、自分を自分で認め、自分の味方になる為の考え方や、良い現実を引き寄せていく為に日常の生活に取り入れたいことなどを申し上げていきたいと思います。

自分を愛し認めることが日常生活にまで浸透していけば、あなたの毎日は本当に輝きはじめ、「引き寄せスパイラル」はさらに加速することになるでしょう。

# ★良い現実を引き寄せる「自分いいところノート」★

## ★本心からいいと思えるものを挙げていく★

『「引き寄せ」の教科書』でもご紹介していますが、良い現実を引き寄せる為に、「いいことノート」をつけるのはとても有効です。

あなたの毎日の生活の中で、自分が本心からいいと思えるところを探して、思いつくままに書いてみるのです。あなたの現実には、あなたが好きなところも嫌いなところもあるでしょう。

しかし、現実の中のすべてが気に入らないということはないはずです。あなたがもし、毎日がつまらないなと感じていたとしても、その退屈な現実の中でもあなたが気に入っているところ、そこを重点的に意識するようにしてみてください。

たとえば、このような感じです。

・朝、家を出たら朝日が差し込んできて気持ちがよかった
・小さな家だけど、この部屋から見える景色は好きだ
・通勤路に花が咲いていて美しかった
・今日は空がきれいだ
・今日は髪型が決まって気分がよかった
・今日作った親子丼はとても上手にできた
・今日食べたアイスは絶品だった
・出かけたらかわいい犬に出会って癒された
・毎日同じような仕事ばかりだけど、たまに素敵なお客さんに出会えるところがいいな
・不満もある職場だけど、○○さんとは気が合うな
・不満もある職場だけど、この部分では自分のやりたいことができているな
・子育てって大変だけど、子供の笑顔を見られるって幸せだな
・普段は何もしてくれない旦那だけど、子供好きなところはいいな
・普段は口煩いと感じる奥さんだけど、家事は上手だな

・今日はやることがたくさんあったけど、乗り切れたな
・今日はゆっくり本が読めてよかったな
・今度の休みは前からやりたかった○○ができそうな時間が取れるな

嫌な部分に無理に幸せを感じるような「幸せごっこ」をするのではなく、これまであまり意識していなかったり、当たり前のことだと思って見過ごしていたけれど、自分の現実にはこんないいことがあるなと、自分が抵抗なく思えることを見つけてみましょう。その際、それをわざと自分で思い起こすことがポイントです。

カメラマンが自分の撮りたいものを探してシャッターを切るように、自分がいいなと思えることを探して、そこに焦点を合わせて、それを心に映していきます。

気づこうとしなければ通り過ぎてしまうようなことを、自分から積極的に探してみてください。そのように、あなたが自分の現実の中のいいところに意識を向ければ向けるほど、現実があなたにとって良いほうへと変わっていくのです。

## ★ 欠点でも自分で気に入っていればOK ★

この「現実の中のいいこと探し」と同じように、「自分自身のいいところ」を探してみてください。自分が自分で自分のいいところ、本心からいいと思えるところを探して、箇条書きに書き連ねてみるのです。自分にないものばかり気にして、落ち込んでいる暇があるのなら、どんな小さなことでも、自分の「いいところ」を探せば、そこからあなたが得るものは計り知れません。

探し方、書き方のポイントは、**自分さえ本当にいいと思えれば、それが世間的な基準や他人からみて良いか悪いかというのは一切関係がない**ということです。

たとえば、「綺麗好きで掃除が好きだ」という自分のいいところがあるとして、それは世間の基準から見てもいいところだと受け入れやすいでしょう。

しかし同時に、別の人のいいところとして、「多少散らかっていても気にならないおおらかな心の持ち主」ということも「自分自身が考える自分のいいところ」になり得ます。

**他人から見て欠点になり得るようなところでも、自分自身がそれを受け入れ、気に入っているのであれば、それは「自分のいいところ」**なのです。

自分のいいところの数は多ければ多いほどいいです。

どんな小さな、他人から見たらどんなにつまらないことでもかまいません。また、そのリストを誰かに見せるわけではありませんので、恥ずかしがる必要はありません。自分が自分の本心から、自分についていいと思えるところを、外見、性格、特技、能力、経験など、どんなものでもよいので、書いていくだけなのです。

ここで、少し例を挙げて、自分のいいところの書き方を見ていきます。

まずは、○○が得意、○○について詳しい、というようなことを探してみてください。それが何かの役に立つ・立たないはまったく考える必要はありません。そして、得意であっても、完璧にできなくてまったくかまいません。

たとえば、英語が得意だけど、ネイティブのように会話できるわけではないとしても、それでいいのです。

また、自分よりできる人なんて星の数ほどいるでしょう。しかし、他人は関係ありません。自分が自分の中で、他の何かより英語は得意だな、好きだな、と思っていたらそれでいいのです。**この作業の中に、他人は登場させないでください。他人との比較や、他人の**

**評価は一切排除してください。**

○○が似合う、なんていうのもいいですね。これも、誰がどう思おうと、自分が似合うと思えばそれでOKです。

またたとえば、「時間を守る」といういいところがあったとします。しかし、「時間を守る」とただこう書いてしまうと、たまには時間を守れないときもあるな……、と本心から、心の底からそうは思えないかもしれません。ですので、そのような場合は「基本的に時間を守る」と書いてみるといいでしょう。

こう書くと、より、自分自身が抵抗なく受け入れられるのではないかと思います。とにかく、**自分が心から疑いなく、これは自分のいいところだ、自分の好きなところだ、と思えることが大事**なのです。

逆に、自分はあまり時間を守れないな、と感じている人は、「細かいことにこだわらない」「時間に関して寛大」と書くことができるかもしれません。どんなことでも、自分が自分でいいところだと、そう思えたらよいのです。

長所と短所と言うのは表裏一体です。一見短所となるようなところでも、自分の見方次第でそれは「いいところ」になり得るのです。たとえばこのような感じです。

しっかりしている
たまに抜けているところに人間味がある
行動力がある
慎重に見極めてから行動できる
要領がよくてきぱきこなせる
物事を時間をかけてじっくり考えることができる
計画性がある
その場の判断力がある
話すのが得意
話を聞くのが得意

よく気が利く
何事にも動じない

節約上手
欲しいものを素直に買える

落ち着いている
機敏である

趣味の幅が広い
ひとつの趣味を長く続けている
ひとつの仕事を続けている
いろいろな仕事の経験がある

友人が多い
数の少ない友人と深く付き合える

集中力がある
いろいろなことに気がつく

責任感がある
自由奔放である

流行に敏感で、その中から自分に合うものを選べる
流行に流されない

これらは、どちらが良いということは一切なく、どちらがより自分に当てはまるか、また自分はどうありたいか、それだけなのです。ものは言いようです。良いように自分が見

ることができていればそれでいいのです。
また、気づいた人もいるかもしれませんが、あなたのどんな性質も、あなたの考え方次第でいいところになりうるということです。

さらにいいところの例を挙げてみますので、自分に合うものをピックアップしてみたり、自分に合わせてアレンジしてみてください。

目がきれい
手がきれい
爪の形がきれい
表情が豊かだ
笑顔がいい
健康的である
髪がきれい
ショートヘアが似合う

ロングヘアが似合う
メガネが似合う
スカーフが似合う
美的センスがある
ジーパンが似合う
スーツが似合う
着回しが上手
着付けができる
自分に似合うものをよく知っている
努力家である
楽天家である
美食家である
几帳面である
大胆である
好奇心旺盛である

直感力がある
想像力がある
おおらかである
記憶力がある
興味を持ったことはとことん調べる
歴史に詳しい
古典に詳しい
映画に詳しい
音楽に詳しい
色の知識が豊富
料理が得意
食材に詳しい
ワインに詳しい
歌が得意
楽器が得意

スポーツが得意
車に詳しい
星座に詳しい
電化製品に詳しい
修理が得意
お店に詳しい
アイドルに詳しい
自分の仕事が好きである
褒めるのが得意
リラックスが得意
親切である
温和である
頼りになる
素直である
立ち直りが早い

一人の時間を楽しめる
字がきれい
文章がうまい
読書家である
器用である

一度に書けなくてもかまいませんので、できれば、50個程度になるまで、自分のいいところを書いてみましょう。

こんなことをして何になるのだろう、と思う方もいるかもしれませんが、自分を肯定するには、とにかく、**できるだけ自分に注意を向け、そしていつでも自分の味方になって自分を認めるということが大事**なので、そのために必要なことなのです。

また、自分のいいところを見ることができるようになればなるほど、他人のいいところにも目がいきやすくなり、それがあなたのいい気分につながっていきます。自分であっても他人であってもいいところ、自分が本心からいいと思えるところを見つける能力、それを高めていくことが、あなたの幸せな現実の創造に役立っていくのです。

# 「自分の好きなものノート」で宇宙にオーダーする

## ★　全部書くことがコツ　★

今度は、自分が自分の好きなもの、「他人から見てどう思われようが、これが自分は好きなんだ！」というものを、人物でも、食べ物でも、場所でも、本でも、その他のものでも、趣味でも、仕事でも、スポーツチームでも、何でもいいので挙げていってください。

これは、「自分いいところノート」よりは簡単かもしれませんね。また、先ほどのいいところノートの○○が得意、○○に詳しいなどの部分と重なっていてもかまいません。好きだからこそ、詳しくなるし、得意になるというものです。

たとえば、私自身がリストを作ると、こんな感じになります。

・書くこと

・野菜作り
・植物を眺めること
・料理
・コーヒー
・微生物
・麻、麻炭
・旅行
・温泉
・バリ島
・美しい海
・自然の景色
・着物　などなど……。

もっと細かくいろいろありますが、あまり私のプライベートを知りたい人もいないかと思いますので、このあたりにしておきますね。あなたが自分で書くときは、誰に見られるわけでもないので、具体的に固有名詞を含んだ好きなものも好きな人も全部書いていいんですよ。

## ★　整合性は考えなくていい　★

私自身の好きなもののリストについても、誰もがうなずいてくれるようなものもありますが、微生物、といってもあまり誰もわからないような、理解されないようなものもありますね。でも、それでいいのです。とにかく、**誰にどう思われようが、自分が好きなもの、それを自分で自覚することが大事**なのです。

また、自分の好みについては、より細かく書いておいたほうがいいですね。たとえば、ただ「アイスクリーム」と書くのではなく、たとえば「ハーゲンダッツの○○味」という具合です。そのほうが、より好きだという感情が強く、リアルに感じられるからです。心から本当に自分が好きだと思い、その感情に浸ってみてください。

また、自分の好みに整合性がとれている必要はありません。たとえばイケメンが好きと書いたあとで、(まったくイケメンでない)○○さんが好き、と書いてもいいのです。

好きに理由なんてありません。そしてこれは、誰かにわかってもらう為の資料ではないのです。誰も、「あのときああ言ったじゃない?」なんて言いません。自分が自分の好きなものを、自分でただ確認する為のものなのです。

**自分の好きなものを知って、そのことをただ好きだと考えれば、あなたはそれを引き寄せていく**のです。あなたは、自分の好きなものを好きだ、と意識するだけで、それを宇宙にもっとくださいい、とオーダーしていることになるわけです。

# 自分が一番喜びを感じる選択は何？

## ★ 値段よりも大切なことがある ★

人は皆毎日、さまざまなものを選択していますよね。何を買うか、何を食べるか、どこに行くか、誰と会うか、何を話すか……。意識して選択していることもあれば、無意識に選択していることもあるでしょう。

「思考の選択権」は常にあなたにあるのですが、日常生活の中の行動における現実的な状況として、あなたに選択権がある場合もあれば、そうでない場合もあるでしょう。

もし、あなたが選択できる場合は、「どの選択に自分が一番喜びを感じるか」という基準で選択するようにしてみてください。

買い物であれば、それに値段があり、値段を考慮して損得で考えてしまうこともあるかもしれません。しかし、**あなたにとって一番「得」なこと、つまり、あなたに良い現実を引き寄せることというのは、あなたが「喜び」を感じること**なのです。あなたは「喜び」を感じたときにだけ、「喜び」を引き寄せます。

ですので、さまざまな条件より何より優先して、できるだけあなたが心からの「喜び」を感じるほうを選んでください。そしてそれには、普段から自分が何に喜びを感じるのかを知り、それに敏感である必要があるのです。ここで、先ほどの「自分の好きなものノート」が役に立ってきます。

もちろん、値段との兼ね合いもあるでしょう。喜びが大きいからと言って、無理に自分の買えない値段のものを買ってください、というわけではありません。無理してもいい気分にはなれません。

## ★ どんなことも喜びが基準 ★

ただ、値段との相談は、一番最後にしてください。まず、そのものにときめくのか、ワクワクするのかそこを確認したあとに、値段を見てみてください。そのあとに、どうしても自分には買えそうにない値段であれば、そこで、無理だとあきらめてしまうのではなく

「素敵なものに出会えてよかった、今は無理だけど、いつか手に入るかもしれないな」と、そう考えましょう。そのように否定せず、あなたがいい気分でいて毎日を楽しんでいれば、欲しいものはそのうちに手に入ります。

どうしても、使えるお金の制限のほうが気になるときは、まず、自分の今気持ちよく使える上限を設定し、その範囲の中で、自分が一番喜びを感じるものを選んで購入する、というようなことも、喜びを選択するということの練習になるでしょう。

また、食べ物についても、好きなものを美味しく食べるのが、あなたにとって一番「得」な現実をもたらします。食べ物については、ダイエットを気にする人もいますし、食の安全や健康を気にする人もいるでしょう。しかし、「美味しく食べる」「喜びをもって食べる」以上にあなたに美と健康をもたらすことは本当はないのです。

そして、どのような人と付き合うか、ということも、条件ではなく、楽しさ、喜びで選ぶと、あなたは間違いなく幸せになれるのです。

どんなものでも、これまで「条件」で選ぶことのほうが多かったかもしれません。しかし、これからはまず自分の喜びを知り、そしてできるだけ「喜び」を基準にして何事も選ぶようにしてみてください。それが、あなたに「喜び」の現実をもたらします。

# ★イライラ・モヤモヤに有効なスルー力

## ★嫌なことを要求しているのと同じ★

先ほど、現実の中のいいところ探しをしてみましたが、逆に、あなたの生活にはあなたが嫌だと感じる部分もあるでしょう。また、誰にでも、嫌いな人や苦手な人というのはいますよね。

あなたが嫌な出来事や自分と意見が違う人、嫌いな人などに対して、イライラしたり、モヤモヤしたり、批判的になったり、その人を変えたい、その人は間違っているんじゃないか、など、気持ちを奪われているとき。あなたは、その気に入らない人の気に入らない言動を、宇宙にもっとくださいと要求しているのと同じです。あなたが強く注意を向けているもの、あなたの思考を支配していることが、あなたの現実に現れるのです。

自分が、どうしても気に入らないところや嫌いな人を好きになる必要はありませんが、そこへできる限り意識を向けないようにしてみる努力はしてみましょう。

「スルー」という便利な言葉がありますが、自分の気に入らない現実については「スルー」すればよいのです。嫌な出来事や人に気をとられたり、それを変えようと躍起になったり、そのことについて考えて嫌な気分になるのを、できる限り減らそうとしてみてください。

この「スルー力」は引き寄せにおいてとても大事です。あなたの気に入らない人やものがあなたの現実にもっと欲しいなら別ですが、要らないのなら、**望まない人やものについては、望まないということを認識して、その反対にある望むものを確認したら、あとはスルーするのが、望む現実へと近づく道**です。

決してその人を変えようとしたり、その人に何かをわからせようとしてはいけません。そうすることで、あなたは望まない現実を引き寄せてしまうのですから。

## ★　知っていてもできていない人は多い　★

嫌いな人の中に、自分がいいと思える部分を積極的に見ることができれば、それに越したことはありませんが、それが難しいというのもよくわかります。

その場合は、その人のことをできるだけ考えないようにし、自分は自分のいい気分を保つことに専念するだけでいいのです。**それだけで、その人があなたにかかわってくることはだんだんと減っていき、場合によっては自然とあなたの現実から消えていくでしょう。**

私も、自分の嫌いな人のことをできる限り考えないようにし、そして、自分は自分のいい気分を保つことに専念していただけで、徐々にその嫌いな人のことで悩まされることがなくなり、ついにはもう会うこともなくなったということがありました。

人でも出来事でも望まないものに遭遇した場合は、そこからそのことについてできるだけいい気分になれる思考を選択するか、それが難しい場合はスルーする、このことは引き寄せにおいてとても大事なのですが、「引き寄せの法則」についてとても詳しいような人でも、ここができていない人は多いのです。

「引き寄せの法則」はわかってはいるけど、今いち波に乗れないという人は、嫌いな人や望まないことに気を奪われていないか、確認してみてください。あらためて考えると、あなたは気に障る人や気に入らない物事について結構な時間、思考を割いていることに気づくでしょう。

そこに自分で気づけば、あとは、そのことを考え出したら、今日は何食べようかな、というようなことでかまいませんので、別のことに思考を向ければよいのです。

何か、自分と意見の違うものや、気に入らないものがとても気になって、スルーできず、それに対抗して相手や外の世界に対してわからせようと、自分の主張を繰り広げたくなるとき。そんなときは、自分が否定されたような気持ちになったり、自分のほうが正しいという気持ちになったりしていることが多いと思います。

でもあなたは、自分が正しいとか、自分が優れているとか、それを誰かに証明しなければいけない存在ではありません。あなたが素晴らしいということは誰の許可も要らないし、誰にも認められなくてもいいのです。あなたがあなたの中で、そう気づき、そう認識し、そう信じようとすればそれでよいのです。

自分が素晴らしい存在だと、そのことを本当に自分が認めていれば、周囲で望まないことが展開されていても、スルーできるようになってきます。

気に入らないこと、嫌なことをスルーできないのも、「自己肯定力」の問題なのです。スルーできないということは、まだ本当に自分のことを自分で認められていないのです。

そんなときは、そもそも自分は素晴らしい存在なのだということや、誰にどう思われようと自分は自分でいいのだ、ということを思い出してみるようにしましょう。

## ★噂話に加わらないことのメリット★

### ★決まって否定的なことを言っている★

これも、先ほどの「スルー力」と関連していますが、女性なら特に、職場などで噂話に巻き込まれる機会があるでしょう。男性でも、気づけば上司や職場の愚痴大会になっていることもあるかもしれません。

しかし、噂話と言うのは決まって、他人の否定的な側面について語るものです。他人の否定的な側面に意識を向ける、というのは、自分の望む現実の引き寄せにおいては、もっとも無益なことと言えます。

もし、噂話に巻き込まれそうになったら、自分は参加しないという意思をはっきり示すか、その場をそっと離れましょう。噂話にのっても、自分にとっていいことはひとつもありません。

まだ、自分の好きな他人について考えたり、話したりするのであればよいのです。好きな他人のことを考えることにより、自分がいい気分になれますから。

しかし、自分の望まない他人について考えている時間というのは、本当に何の為にもなりません。自分が、自分へ興味を向けはじめ、噂話には加わらないと決心すると、噂話に巻き込まれる機会も徐々に減ってくることでしょう。

## ★気づかないうちにこんな情報に振り回されている

### ★防御したいと思うのは悪いと思っていることと同じ★

あなたは一日どのくらいテレビを見るでしょうか？　テレビも、自分の望むことだけを、選択的に見るのであったらよいのです。感動する番組、笑える番組、興味深い番組もたくさんありますね。

しかし、特に見たいわけでもなくテレビをつけていて、たとえば流れてくるニュースというのは、自分の望まないものがかなりの割合を占めると思います。ニュースというのは、良いことを伝えるより、あそこで事故が……、あそこで殺人が……、といった不安をあおるものが流れてくる割合のほうが実は圧倒的に多いのです。

悪いニュース、つまりあなたが望まないことについてのニュースは、本当に見る必要がまったくありません。知ってから忘れるかまったく気にしないなら良いですが、知って不安になるのであれば、あなたにとっていいことは何もないのです。忘れるのであったら、そもそも見なくていい、という話になります。

**世の中で起こっている悪いことを知って防御したい、という気持ちもあるかもしれませんが、そう思うということは、世の中は悪いことがたくさんある、という大前提で考えていることになります。**

あなたがそう信じていたら、現実はそのとおりになってしまいます。あなたの幸せは世の中次第ではなく、あなた次第であることを思い出してください。

## ★　必要なとき、必要な情報は入ってくる　★

またテレビから流れてくるものは、芸能人がどうしたこうした、という話題も多いですね。

これも、あなたが望む現実を引き寄せ、楽しい人生を送る為には見る必要も知る必要もないことです。どうでもいいことなのです。とても好きな芸能人についてのニュースなら、それでいい気分になれるので良いのですが、そうでなければ、遠くの他人のことに思考を割いている暇があったら自分のことを考えましょう。それが望む現実を創る道です。

ちなみに、私の家にはテレビはありません。引き寄せの為にテレビをやめましょう、と言うつもりはないのですが（実際、私も引き寄せの為にテレビをやめたわけではありません）、ただ、私が引き寄せの波にかなり早く乗れたのは、テレビが家になかったからというのが一因ではあるのは間違いないと思っています。

テレビがないことで、望まない情報に触れる時間が圧倒的に減り、より自分自身に、自分の望みに集中できたのです。

テレビも、選択して見るようにしてみてください。望まないニュースや芸能ニュースは見る必要はありません。ネガティブなニュースが流れてきたら、テレビを消すか、チャンネル変える、くらいのことはやっていいのではないでしょうか。

テレビを見ていなければ、情報に乗り遅れる、友人との話題についていけなくなる、という不安を持つかもしれませんが、宇宙の真実としては、テレビを見ても見なくても、あなたに必要な情報は必要なときに手に入りますし、あなたが求める情報は必ず手に入ります。目的無しに見ていたテレビの時間をもっと自分の好きなことに使うと、より気分がよくなり、自分を満たすことができ、望む現実に近づいていくことができるのです。

# ★ それでも嫌な感情が起きてしまったときの対処法 ★

## ★ ただ今の自分の状況を知るだけでもいい ★

人間なので、気分が落ちてしまう、不安、悲しみ、怒り、そうした感情が湧き上がってきて、どうしてもいい気分になれないことはもちろんあるでしょう。

プロローグでもご紹介したように、少しでもいい気分になれる思考を選択していけばよいのですが、それすらできない、そういうときは、ただ、自分で自分の状態を知るだけでいいのです。

たとえば、恋人に冷たくされて悲しかったとします。「私は悲しんでいるのだな」と、誰かに怒られて嫌な気分だったら、「今自分は嫌な気分だな」と、そのように観察してみてください。

それも、自分に注意を向けるということなのです。そのように自分を観察しているとき、あなたは、悲しみや怒りとは一体化していません。もしあなたが、「怒り」や「悲しみ」や「苦しみ」と同調し、一体化している状態ですと、さらに、「怒り」や「悲しみ」や「苦しみ」を感じるような現実を引き寄せてしまいます。それはもう、法則なのでどうしようもありません。

## ★　観察すると負の連鎖は止まる　★

悲しいのに、無理に悲しくないふりをする必要はありませんし、無理に元気になろうとしなくてもかまいませんが、その悲しみの中にどっぷりと浸かってしまうのではなく、ああ、自分は悲しんでいるな、と一歩引いた視線で見るだけで、あなたの気分は少し変わってきます。

そして、引き寄せる現実も、ネガティブなものからニュートラルなものへと変わってきます。最初にご紹介した引き寄せポイントでいうと、マイナス1ポイントから0へと変わるのです。このように**自分を観察できるようになると、そこで、少なくとも負の連鎖、ネガティブの連鎖はストップできます。**

そして、どうしても今嫌だなと思うことも、「何か次につながっているといるのかもしれないな……」。そう思い出してみるだけでいいのです。

すべては本当に、うまくいっているのです。あなたの現実はあなたが創っているので、あなたがうまくいっている（のかもしれない）と思うことさえできれば、必ず物事はあなたにとって良い方向へ進んでいきます。

すでに起こった出来事に思い悩む必要など本当はありません。過去は変えられないのですから。今日のあなたにできること、それは今これからをどう生きるかを決めることだけです。

これから、どのようにでも自分が現実を創っていける。そのことを思い出してください。どんなことが起こっても、それが最終地点だということはあり得ません。そこから、自分の選んだ未来につながります。どんな未来を選びたいか、そこで決めるだけなのです。

## ★ どうしたら嫉妬心をなくせるのか？

### ★ あなたの夢が叶うシグナル ★

あなたに叶えたい願いや夢があって、それを他の人がすでに叶えている状況を見たとき、あなたはどのように思いますか？　また、同じような夢ではなくとも、とても幸せそうに快活に生きている友人を見たとき、どう思いますか？　知人や友人が昇進したり、転職に成功したり、起業して成功したり、恋人ができたり、結婚したり……。

すごいな、よかったな、という感情と同時に、やはり妬ましさや苦しい気持ちが湧き上がってきて素直に喜べないかもしれません。誰でも、多かれ少なかれそのような経験をしたことがあるでしょう。

しかし、なぜそう思うのでしょうか？　もし、自分も自分の夢を叶えられると信じていたり、自分が自分で自分を素晴らしい存在だと本当に知っていれば、そのような感情は湧き上がってこないはずです。

嫉妬心も、他人が何を成したという他人の問題ではなく、自分の問題です。あなたが、自分自身を認められるようになればなるほど、他人に対する嫉妬心というのは減っていくのです。

周囲で他人が夢を叶えたり、幸せそうにしているからといって、落ち込む必要はまったくありません。

それどころか、あなたは喜んでいいのです。というのも、**あなたがあなたの周りの人が夢を叶えているのを見たとしたら、それは、もうあなたが夢に近づいている証拠**なのですから。

あなたが、あなたの夢の実現に近づいていなかったら、あなたは周りの人が夢を叶えている姿を見ることすらないでしょう。ここまでお読みのあなたならもうおわかりのように、周囲で起こる出来事は自分の反映です。あなた自身が夢の実現に近づいているからこそ、そのような出来事を周囲で目にするようになるのです。そして、あなたにも同じように夢を叶える力があるのです。

## ★　次はあなたの番です　★

私も、自分が最初に本を出したいな、と思い、でもまだその方法を知らず、本当に出せるともまったく思っていなかった頃、友人と呼ぶには遠いですが、知人が本を出したというこことを知りました。

しかも、その本はかなり話題を呼び、とても売れているようでした。そしてやはりそこで、妬ましいような気持ちが湧き上がってきましたが、そのときすでに「引き寄せの法則」を理解していましたので、「これは私も出せる、というお知らせだ」、と思い直すことにしたのです。

そのときに確信があったわけではありませんが、妬ましい、モヤモヤした思考に自分を支配させていても何のいいこともないことはわかっていましたので、自分自身を励ますような気持ちで「これは次は私の番ということかもしれないな」と思うことにして、気持ちを切り替えたのです。そしてしばらくすると、そのとおりに現実は動いていきました。

誰でも、自分が否定しない限り、無理だと思わない限りは、それぞれにとっての完璧なタイミングで、夢が叶います。

あの人が幸せになれば、あなたも幸せになれます。宇宙は誰にでも優しく、無限の豊かさがあるのですから。あなたの周りの誰かが夢を叶え、あなたがそれを前向きに捉えることができれば、いずれあなたの番がくるということは、疑いようのないことなのです。

# ★ 周囲の変化にはこう対応しよう

## ★ ただ「違い」ができたということ ★

あなたが自分への信頼を取り戻し、愛し、認めていく過程で、これまで周囲にいた人たちとの折り合いが悪くなってくることがあるかもしれません。

自分に対する意識を変え、できるだけいい気分でいてザルの目を開けた状態にしているのであれば、引き寄せる人も変わってくるのでそれは当然のことです。

「引き寄せの法則」により自分と同調するものが引き寄せられ、同調しないものは自然と遠ざかっていきますので、自分が変われば周囲に起こる変化はある程度仕方のないことなのです。それは、どちらがいい、悪いということではなく、ただ「違い」ができたということです。

そんなときは、無理にこれまでの関係にしがみつく必要はありません。自然の流れに任せてみてください。

## ★　恐れる必要はない　★

最初は淋しさを感じるかもしれませんが、必ずあなたの新しい波動に合った人が、あなたの前に現れてくるでしょう。そしてそれは、これまでよりもっとあなたが楽しく、そしてお互いに喜びを分かち合える関係になるでしょう。

他にも、ずっと連絡をとっていなかった人とまた連絡を取り合うようになったり、あまりいい感情を抱いていなかった人が、急に優しくなったりなど、人間関係でいろいろな変化が起こってくるかもしれません。

変化というのは、時に恐怖心を起こさせるものかもしれませんが、もし、**自分自身を信頼するなら、その自分が引き寄せている人たちも必ず信頼できる**ということを思い出してください。変化を恐れる必要はないのです。

# ★受け入れられない場合のひとつの選択★

## ★どんな人間関係を結んでいきたいか★

第三章で、人間関係において、あなたが相手の中に、自分がいいと思える面を見つけていくことがうまくいくコツだと申し上げました。

そのように、あなたが見るところが変われば相手（があなたに見せてくれる側面）も変わってきて、関係も良いほうへ変わっていきます。しかし一方で、たとえばそれまであまりに長い間、強く否定されつづけたなどの過去により、どうしても相手のいい面を見ることができない、その人といてもいい気分でいることができない、という場合もあるかもしれません。

具体的には、夫婦関係でひどいことをされつづけた、などの場合です。そうした関係も、あなたが引き寄せているのは間違いがないのですが、それはあなたに落ち度があるとか、あなたが悪い、ということではありません。

これから、あなたがどういう人間関係を望むか、それを考えるきっかけにすればよい、というだけのことなのです。

そしてそのような場合は、そこから離れるという選択ももちろんありなのです。ただその場合は、嫌だからそこから離れる、その人のせいでそうせざるを得ないからそこから離れるのではなく、新しい自分の人生を創っていく決心を持って、前向きに離れてください。**大事なのは、自分主体で何かを選ぶ**ということです。

別れも、それはただの状態の変化であり、悪いことではまったくありません。すべては、次につながっているのです。

## ★　自分の意思で選択すればそれが正解　★

パートナーがいる・いない、付き合う・別れる、結婚する・離婚する、このようなことに人は大騒ぎしますが、実はたいしたことではありません。あなたは、どんな状態からでも幸せを自分で選べるのですから。

またたとえば、結婚は幸せで、離婚は不幸だ、と一般的に思われているかもしれませんが、必ずしもそんなことはないということは納得できると思います。離婚してその後生きと、幸せに暮らしている人はいくらでもいるのです。離婚をすすめているわけでは決してなく、相手のいいところを見て関係が改善できるのであればそれに越したことはありません。

しかし、それはそこから離れるという選択をしてはいけない、ということを意味するわけではありません。どんなことも、あなたが自分の意思で自分の選択をすれば、それが正解です。

**そして、たとえば別れといった事象にも、どんな意味を与えるかはあなた次第**だということです。あなたは、別れをあなたにとって良い未来へつなげることもできるし、悪い未来へつなげることもできる、どんな状況からでも、自分次第で自分の人生を前向きに創っていくことができるのです。

# ★ 自分の夢を反対されたときは？

## ★ 誰も、あなたから何かを奪う力は持っていない ★

夢は大きくても小さくても、自分の好きなように描けばよいのですが、そうしたときに、周囲から、「そんなのできるわけがない」「やめておきなさい」などの、あなたの夢を否定される言葉を受けることがあるかもしれません。

しかしそれは、**本当にその夢が実現できないということではなく、まだ、自分がその夢の実現に確信を持てていないことの反映にすぎません。**

ここでも、他人の言うことがもし自分の望まないことならば、それにとらわれないでください。ただ自分に、自分の望みに注意を向けます。あなたがそれを許さない限りは、誰も、あなたから何かを奪う力は持っていないのです。

これはあなたの夢が本当に望むことなのか、確認するチャンスです。その夢を叶えたい、夢は叶う、それをやってみたい、その気持ちを持ちつづけ、自分に必要のない他人の意見に耳を傾けなければ、あなたの夢に向かって必ず現実はその方向へ行きますし、チャンスがやってきます。

あなたの夢の実現に、他人の意向は影響しないということを忘れないでください。

# ★自信がもう一度湧いてくるヒント

## ★逆の方向にいかない為にすること★

何か嫌なことがあって自信を無くして落ち込んでしまったり、自分の中で自分の嫌な面が見えたときは、単に、そこからどうなりたいかを確認するチャンスです。それ以上でもそれ以下でもありません。

そのように考えて、自分を責めないことです。自分を責める必要はどこにもないのです。これから、自分次第でどうにでもなるのですから。肩の力を抜いていきましょう。自分を自分で許せなければ、誰かのせいにしてしまいがちですね。それは、自分で自分の人生を創るというのとはまったく逆の方向です。

## ★どんな結果も理由がある★

自分のことを褒める習慣がつくと、他人のいいところにも目がいくのと同じように、**自分を責めなければ他人を責めることも、他人のせいにすることも少なくなってきます。**他人のせいで自分に起こることは本当に何ひとつありません。

あなたは、いつでもあなたの一番の味方でいてあげてください。誰が何と言おうと、自分のことは自分が一番知っているはずです。

どんな結果になろうと、あなたにはあなたなりの理由があったはずです。他人にわかってもらう必要というのはないのです。

自分を責めてしまいそうになったとき、他人から見たら言い訳のようになってもかまわないので、自分で納得できる理由を見つけ、仕方なかったと自分で自分の味方をしていきましょう。また、「自分いいところノート」を開けてみて、自分のいいところを思い出しましょう。

# ★そろそろ比較の罠から抜け出そう★

## ★嘘の自信と真の自己肯定★

自分を好きになれない状態に陥ってしまったとき、なぜそう思うのかを考えてみてください。そのとき、自分と誰かを比較していないか、確認してみましょう。

誰かと比べて、自分は何かを持っていない、何かができない、ここが劣っている、そのように自分と他人とを比較していないでしょうか？　そこを確認してみると、自分が嫌になってしまうことのうちの多くは、他人との比較からきていることに気づくでしょう。

たとえば、あなたの周囲にはたくさんの人がいますよね。その中で、自分を他人と比較してしまうことはある程度仕方のないことですが、他人は他人として、自分はどんな人なのか、何ができるのか、何がしたいのか、そのことを中心に考えるようにしてみてください。

**誰かと比較しなければ、自分のできること、それがそのまま自分の良さになる**はずです。比較している自分に気づいたら、意識を自分に戻すようにすれば、あなたはだんだんと自分を認め、好きになることができるでしょう。自分を自分で否定する要素なんて何もないのだということに気づくでしょう。

逆に、自分のほうが勝っている、優れているといった比較も、本当の自信にはつながりません。これは、誰しもそもそも素晴らしい存在だ、という宇宙の真実から大きくずれている認識です。それは「嘘の自信」にしかなりません。「真の自己肯定」にはつながらないのです。

少し冷静になって考えたらすぐにわかります。自分にできて誰かにできないこと、逆に誰かにできて自分にできないなんてことなんてあって当然だと。本当に、自分と誰かを比較するということにはまったく意味がありません。

**「あの人にはこれがあって、自分にはこれがない」と考えるのではなく、「あの人にはこれがあって、自分にはこれがある」と考えましょう**。人と感覚や考え方やできることや持っているものが違っても何の問題もないどころか、それは当然のことなのです。違いというのは優劣ではなく、個性なのです。個性とはただその人らしさであり、それにいいとか、悪いとかはありません。

## ★　平均像は実在しない　★

また、現実を見渡せば、「この年齢だったら、役職はこうで、年収はこれくらいで、結婚して、子供もいないと」など、誰が決めたかわからない、暗黙の平均像にとらわれがちですが、誰もそれぞれ、何に喜びを感じるかも、何をやりたいのかも、皆違います。

**平均像を満たしたら幸せになれるのではなく、自分で自分のやりたいことをやりつつ生きていくことが幸せ**なのです。「まともな人間」がいないのと同様「平均像」も実在しません。そんなものと自分を比べて一喜一憂するほど、無益なことはないのです。

他人や、平均像と比較している自分に気づいたら、他人を見るのではなく、自分に目を向けましょう。比較しなければ、焦ることも、落ち込むことも少なくなってきます。小さい頃から、比較と競争の世界に生きてきて、なかなかすぐにこのように思うのは難しいかもしれません。

しかし、何か人より優れたものを持っていなければ愛されない、何かを達成しなくては愛されない、なんていう条件付きの愛で宇宙は成り立っているわけではありません。

宇宙には愛しかないのです。何をしても、しなくてもあなたには愛が降り注いでいて、他人はまったく関係なく、ただ自分のザルの目さえ開けるようにすれば、あなたは幸せを受け取れるのですから。

## ★「ありのまま」に対する誤解

### ★ ポイントは「本来」 ★

ありのままでいい、という言葉は時として誤解を生みます。「ありのままでいいんですよ」、と聞くと、もしあなたが現状不満ばかりで、悲観的で、いつも被害者意識を持って生きていたとして、そんな自分でもそのままでいいのか、と思う人もいるかもしれませんが、そういうことではありません。

そのような人生をこれからも続けたいなら別ですが、そうした自分をありのままだと勘違いして、そのままで居つづけたとしても、ずっと不幸でいいこともなく、不満ばかりという現実が続くだけです。何も変わらないのです。

**ありのままでいい、というのは、ありのままのあなた、本来のあなたは素晴らしい、だから、それを思い出してみてください、信じてみてください、ということ**なのです。

第四章で「宇宙の真実」としてご紹介しましたが、本当のあなたは素晴らしいのだから、あなたはあなたの望みを押し殺す必要はないし、その望みを叶えることができる力を持っている。他人の為に自分の意思を曲げたり、あきらめたりする必要もないし、人の目を気にして、自分を隠す必要はない、そういう存在なんですよ、ということです。

## ★　前面に表れているかそうでないかの違い　★

誰でも、小学校へ上がる前や低学年の頃までというのは、恐れを知らず毎日を楽しく無邪気に生きていたのではないでしょうか。

そもそも生まれたときからネガティブだった、ということはないのです。悲観的で、被害者意識の強いあなた、というのは本当のあなたではありません。ありのままのあなた、本来のあなたではありません。それは、ありのままのあなたが隠れてしまっている状態です。

本当のあなたは、前向きで喜びを求め、情熱に溢れる愛の存在なのです。その情熱を表現する方法や、そのために持って生まれてくる能力は皆それぞれ違いますが、素晴らしい愛の存在、それが人間の本質であるというところは誰も同じなのです。

その本質が前面にあらわれている人もいれば、後ろのほうに隠れてしまって見えなくなってしまっている人もいるという、その違いがあるだけなのです。

# 人に「期待する」前にやっておきたいこと

## ★期待の裏には不満がある★

普段あまり意識することなく、あなたは何かや誰かに「期待」をたくさんかけているかもしれません。「誰かに何かをして欲しい」「あの人がああだったらいいな」「会社がこうあって欲しい」等、他人や外の状況に対して期待をしているのです。

実は、**期待が現実を創ることはありません**。このような期待をしていても、現実は何も変わっていかないのです。なぜなら「誰かに何かをして欲しい」と思うということは、本心では「何かをしてくれないあの人」に対して不満を持っているということで、その不満が現実として反映しつづけるだけだからです。

誰かや何かに期待している自分に気づいたら、他人や職場や社会や政治がどうあるかには関係がなく、自分は自分の人生を創っていけるということを思い出してみてください。

**他人や外の世界に対する期待はあなたの望む人生の実現には何の役にも立ちません。現実を創っていくのは、あなた自身の望みであり、意思なのです。**

また、「誰かに〇〇してほしい」というのが他人に対する期待だということはすぐにわかると思いますが、「好かれたい」「認められたい」といったものも他人への期待です。「誰かに自分を好きになって欲しい」「誰かに自分を認めて欲しい」と、他人に対して要望しているのです。

あなたが、「好かれたい」「認められたい」という期待ばかりしていても、何も変わりません。

## ★　自分の意思を発していく　★

好かれたいなら自分を好きに、認められたいなら自分を認めることがまずはじまりです。他人に求め、期待するのではなく、まず自分からそうしない限りは、現実が変わっていくことはありません。

とは言っても、すぐにいきなりは自分を好きになれないかもしれません。その場合は、

「自分を好きになろう」「自分を認めよう」……そういう意思を持ってみてください。

あなたの意思は、現実を動かしていきます。

つまり、そのような意思を持てば、あなたは「自分を好きになれるような」「自分を認めることができるような」現実を引き寄せ、体験することになるでしょう。そしてそうした経験の積み重ねによって、あなたは本当に「自分を好きに」「自分を認めて」いけるようになるのです。

**期待とは自分以外の人や状況にかけるものの、意思とは自分が発するもの**です。期待をできるだけ少なくし、意思を発するように心がけてみましょう。

これを意識しはじめると、これまでどれほど多くの期待を外の何かに対して抱いていたかわかるでしょう。期待より、意思の割合が多くなってくれば、現実はあなたの意思に沿って動いていくようになります。

また、第三章で他人ではなく自分のことをまず考えて、ということを書きましたが、もし他人の為を第一義的に考えて行動すると、どうしても相手に期待してしまうと思います。自分はこうしているのだから、相手はこう受け取るべきだ、こう反応するべきだ、相手からもこうしてもらって当然だ、というように期待してしまうのです。自分を中心に考えていけば、こうした期待も減らしていくことができるのです。

そして、自分が他人に期待することを減らしていけば、他人があなたに期待を押し付けてくることも減っていきます。そうすると、あなたはますます本当の自分を生きやすくなるのです。

期待ではなく、自分の意思を発しているのかどうか、それを気にしてみるようにしてみてください。

# あなたの前には必ず道が開けている

## ★どうしても自分を肯定できないとき★

この本を通じて、「自己肯定力」を上げていくことについて申し上げてきましたが、そう言われてもどうしても自分を肯定できないこともあるかもしれません。

もし今、不幸のどん底の状況にある、とか、自分は悲観的で落ち込みやすい性格だ、という人にとって、いきなり「自分は素晴らしい愛すべき存在なのだ」というところまで一気に到達することは難しいでしょう。

その場合は、こういう状況だけど、それでも、「本当の自分はこういう人生を望む」、ということをただ思い出して、確認してみてください。

先ほども、現実を動かすのは意思である、と書きましたが、どんな状況でも、そして、たとえなかなか自分を信じられなかったとしても、「それでも、自分は幸せでありたい」

「それでも、自分はいい気分を選びたい」「それでも、自分はこれを望む」といった望みや意思を持つことが大事です。その意思を持つということだけで素晴らしい、そう思いませんか？　そしてその意思が、あなたの人生を切りひらく最初の一歩になるのです。

## ★　いつでも取り戻せる　★

誰でも、そもそも素晴らしい存在であることは間違いありませんが、この現実の中でそうは思えないことだってあるのは当然です。

しかし少なくとも、あなたはもっと楽しんで生きたい、とか、もっとやりたいことをしたい、そうした前向きの姿勢をもって、この本を読んでくださっていると思います。自分の人生にまったく興味のない人は、おそらくこのような本は読まないはずですから。

今、これを読んでいるあなたは、「引き寄せスパイラルの法則」を知り、自分を肯定して、望む人生を生きていきたい、と希望していると思います。

ですので、その**あなたの人生に対するこうありたいという思い**、**その姿勢に自信をもったらよい**のです。自分の人生に多くを望むこと、もっと満足して生きたいと思うこと、それだけで素晴らしいことなのですから。何かの成果ではなく、今の自分の姿勢、そこに目を向けて、そんな自分に自信を持ってください。

いつでも前向きでいることはできないかもしれませんが、前向きでありたい、こうしたい、ああしたい、という思いをいつでも持つことはできるでしょう。

**できる・できないではなく、あなたのその姿勢に、自信を持っていいのです。そのあり方を、あなたが自分を素晴らしいものだと認める理由にすればいい**のです。

そう考えていけば、あなたはいつでも自信を取り戻し、自分を認めていくことができるでしょう。

エピローグ

# この瞬間、「引き寄せスパイラル」は永遠のものになる

# 実は驚くほどシンプルなことだった！

## 状況、他人、結果をどう捉えるか

本書を通じて、自分の望みをきちんと考え、自分を肯定する為に思い込みを手放したり、新しい考えを取り入れたり、実際に自分のいいところを見るということについて申し上げてきました。このように自分を知り、愛し、認め、満たしていけば、必ずあなたの現実は良い方向へと変わっていきます。

本当に現実はあなた自身の反映、あなたの思考とそこから出る感情の反映なのです。それ以外の要素で現実が創られることはありません。

ですので、**望む現実を引き寄せる為にあなたがしなくてはいけないことは、自分で自分を愛し、認め、満たして、自分をいい気分に保てるようにコントロールすることだけなのです。**

状況・他人・結果、それらをコントロールしようとする必要は一切ありません。状況・他人・結果をコントロールしようとすることをやめ、自分の思考、そしてそこから創られる感情さえ、自分でコントロールできれば、望む現実をどんどん引き寄せられるようになります。

## ★「引き寄せ」においての大きな要★

自分が今どういう状態にあるのか、たとえば喜びの状態なのか、希望に溢れる状態なのか、退屈の状態なのか、不満の状態なのか、心配の状態なのか、怒りの状態なのか見極めて、そのうえでもしネガティブに傾いているようなら、そこからできるだけいい気分になれる思考を探し、それを選択する。

この、**自分の状態を観察するということと、そのうえでできる限りいい気分を保つということが、引き寄せの要**なのです。

もし、他人を、状況を、結果をコントロールしようとしている自分に気づいたら、「ただ自分をコントロールすれば、それでいいんだ」ということを思い出してみてください。すぐに外の状況が変わらなくても、焦る必要はまったくありません。自分を肯定しつつ、自分をコントロールしつつ、そのようにしていけば、必ず現実はあなたの望むほうへ動いていきます。

自分の状態、自分の思考と感情を中心に考えていくことに慣れてくると、他人をコントロールしようとすることより、自分をコントロールすることのほうがいかに簡単か、そして、それによって良い現実を引き寄せるというのも、とてもシンプルで簡単なことなのだというのがわかってくるでしょう。

# ★選択権はいつもあなたの中にある

## ★ 自分の道を創っていこう ★

これまで申し上げてきたように、他人を妬んだり、他人と比べたり、他人の言うことを真に受けて悩んでしまったり、とにかく他人のことが気になって自分で自分の気分を害してしまう。また、落ち込んでしまう、といった自分の望みの実現に対して、何のプラスにもならないことをしてしまう理由のほとんどは、自分を愛せていないから。そして自分を認められていないから、自分を満たせていないからということは、もうここまでお読みのあなたならおわかりのことと思います。

たしかにこれまで、自分の幸せや夢の実現を阻んでいるものは、他の誰かであったり、外の何かだと思っていたかもしれません。

しかし、他人が原因なのではなく、**自分の意識の向け方や、自分の自分に対する思い、**

**それが原因で、自分の望む人生を邪魔していたのは自分だけだっただけです。**

選択権はそう、常にあなたにあります。本当に、人生はあなた次第です。あなたのちょっとした目の向け方や思考の転換の積み重ねで、大きく変わっていきます。何も、特別なことをする必要はなく、日々の生活の中で、意識的に自分と自分の望むものに思考を向けていき、できるだけいい気分でいるだけなのです。

「引き寄せ」を難しく感じている人もまだたくさんいるかもしれませんが、何度も申し上げたように、望む人生を引き寄せて思い通りに生きていくことは、本当はあなたが思っているよりずっとずっと簡単なことなのです。

# ★ さあ、あなたも「引き寄せスパイラル」の波に乗ろう ★

## ★ 結果として引き寄せられていく ★

これまであなたは、幸せになろうと何かを頑張ったり、幸せや愛を得ようとして外を探したり、追い求めたりしたことがあるかもしれません。しかし、幸せは決して外から来るのではありません。

どんなに素敵な恋人がいようが、かわいい子供がいようが、お金があろうが、世間的に見ていい仕事に就いていようが、それらが、あなたに幸せをもたらしてくれるのではありません。これらは、幸せを増幅してくれるものではあっても、幸せそのものではないのです。

恋人や家族がいても幸せな人もいればそうでない人もいる。一般的に良いと言われている仕事に就いていても幸せな人もそうでない人もいる、お金があっても幸せな人もいればそうでない人もいます。

プロローグでは「新車」や「恋人」を手に入れることが「幸せ」でなかったとしたら、いったいあなたは、どうしたら「幸せ」になれるのでしょうか？　どうすれば「幸せ」を「引き寄せる」ことができるのでしょうか？　と申し上げました。

その答えは、**周囲の人や起こった出来事に対してはいい面を意識的に探し、嫌な面をできるだけスルーしつつ、可能な限り自分に注意を向けて、自分のいい面を意識的に見るようにする、ということです。**

自分の望みを自覚したうえで、そのようにしていれば、必ず人生があなたの望む方向へ変わっていきます。あなたはあなたのやりたいことを実現しながら生きていけるようになるのです。そして信じられないくらいにいいことが次々と起こってくるようになり、物質的にも欲しいものは手に入れ、本当に幸せで豊かで満たされているということをあなたは感じながら生きていけるようになるでしょう。

「いいこと」や「欲しいもの」を引き寄せよう、引き寄せよう、とすることが「引き寄せ」ではありません。**自分が自分の望みを知ったうえで、日々いい気分を選択しつつ、自分を認め、満たし、愛していくことが「引き寄せ」**です。そうしていけば、あなたの夢が実現していき、結果的に「いいこと」や「欲しいもの」を引き寄せることができるのです。

## ★ すぐそこに幸せが待っている ★

自分を愛せば愛すほど、現実が愛に満ちてきます。これは自ら「引き寄せ」を実践してみれば、誰でも感じることができるものです。これまでは、自分で自分を愛することに躊躇していただけ。あなたがあなたに対する感じ方を変えれば、それが現実を、人生を変えていきます。

そして今そのままの自分、ありのままの自分には無条件に愛のエネルギーは降り注いでいて、自分次第でそれを受け取ることができるのだ、とわかってくると、宇宙が本当に愛に満ちていることと気づくことになります。自分を愛せないまま宇宙の無条件の愛に気づくことはできないのです。

今ここで幸せになれない人は、どこへ行っても幸せになることはできません。

**幸せも愛も決して何かをしたご褒美にもたらされるものであったり、競争して勝ち得たりするものではありません。あなたがあなたの中や自分の現実の中に感じようとすれば、そこにあるもの**なのです。

最後にもう一度言いますが、あなたは本当に、自分を愛すること、認めること、満たすことに一切躊躇する必要はありません。

そして、自分を肯定し、自分の思考の選択さえ変えていければ、あなたの人生は喜びに溢れ、人生が思うように、望むように展開していくでしょう。

# おわりに　だから人生って素晴らしい

ここまでお読みいただき、ありがとうございました。

「自分」に対する新しい見方を発見し、「自分」の夢や望み、そして「自分」の素晴らしさや可能性に、ワクワクした気持ちを持っていただけたとしたら幸いです。

今の自分がどんな人間なのか、何が好きなのか、何をやりたいのか、何を得たいのか、どのようになりたいのか。そうした、わかっているようでわかっていないことを再認識し、とにかく思考を自分に、そして自分の望むもの、自分がいいと思う面に向ける時間を増やしていくだけで、あなたはあなたの本当に望む人生に近づいていくことができます。

この本を読んでいる間だけでも、あなたは相当「自分」について考えたと思います。それだけで、変化はもう開始しています。できれば、本を一度読んで終わりではなく、自分の望みに素直になって、自分の喜びに従って、日々を意識的に過ごしてみてください。

そして無理する必要はありませんが、少しでも自分を認め、好きになっていきましょう。

ただ自分に注意を向け、そもそもの自分を認めるだけでいいのです。人間は誰しも例外なく、その本質は愛であり素晴らしい存在であり、自分の人生を自分で創っていけるパワフルな存在なのですから……。

自分が愛すべき存在だ、と心から思えるようになったそのとき、あなたの現実も愛すべきもので満ちているでしょう。

私自身も、すべてを自分が創り出していると認識し、自分の望みを思い出し、思考を選択的に生きてきただけで、たった一年で現実は大きく変わり、二年近くたった今では全く別のものになってしまいました。

今でも、この状況がまだ少し信じられないと思うときがありますが、「以前のほうが幻想であり、自分に目覚めてからの現実が本当の世界なんだ」と感じています。まさに夢を現実に生きはじめた、そのような感覚なのです。

この二年間、最初は小さなことからでしたが、次々と望みを叶えていきました。このように望む現実を引き寄せることができたのは、「いい気分」になれる思考を継続して選択してきたこと、そして、できる限り自分に集中し、自分の望みに素直になり、自分を認め、愛し、満たしたからだとはっきり言えます。

自分をどれだけ知ることができるか、そして、自分をどれだけ愛情をもって見られるか。さらに、すべてのものに対してどれだけ肯定的側面を自分から探し、自分を自分でいい気分にできるかにより、あなたはあなたの人生にどれほど満足して、充実して生きられるかが決まってきます。

今の自分を否定しながら、そして周りの世界を否定しながら素晴らしい境地へと進むことは不可能なのです。しかし、自分自身と向き合い、ザルの目を開けて過ごしていればあとは勝手に奇跡のようなことが起こりだします。必ず人生が良い方向へまわりはじめるのです。そしてある日、あなたは「人生ってこんなに素晴らしいものだったんだ」と気づくでしょう。「生きててよかった」と心から言える瞬間が来るのです。

本書があなたの引き寄せの波をさらに加速させ、そして本当に望みは思い描けばどんなことでも難なく叶うんだ、という境地へとあなたを導く助けになることを望みます。

最後に、今回初めて私の本を手に取ってくださった皆様、いつもブログを読んでくださっている読者の皆様、また、前著が出版されてすぐにそれを見つけてくださり、二冊目の出版という私の夢の現実化への機会をくださった大和出版の岡田祐季様に心からの感謝を述べたいと思います。

奥平　亜美衣

自分を受け入れた瞬間、何かが起こる！
「引《ひ》き寄《よ》せスパイラル」の法則《ほうそく》

2014年9月30日　初版発行
2014年10月2日　2刷発行

著　者……奥平亜美衣《おくだいらあみい》
発行者……大和謙二
発行所……株式会社大和出版
東京都文京区音羽1-26-11　〒112-0013
電話　営業部03-5978-8121／編集部03-5978-8131
http://www.daiwashuppan.com
印刷所……誠宏印刷株式会社
製本所……ナショナル製本協同組合
装幀者……斉藤よしのぶ


ISBN978-4-8047-0485-2